# 「売る気がない！のに」

## なぜか自然と売れてしまう繁盛の法則

Clover
クローバー出版

# 笑倍繁盛

**お金のために働くと売れないが、**
**使命や志のために働くと売れる。**

そう言うと、あなたは信じますか？
それとも、青臭い「きれいごと」だと
バカにしますか？

実は今の時代は、
**「きれいごと」が売れる時代**です。

**人や社会の幸せのために働くと、**
**売ろうとしなくても自然に売れる。**
そんな時代になっています。

| お金のために働く人 | 使命・志のために働く人 |
|---|---|
| **売上・利益ファースト** | **ミッションファースト** |
| **損得・コスパ**で選ばれる | **共感・ワクワク**で選ばれる |
| **比較・評価**される | **指名・応援**される |
| **頭**で選ばれる | **心**で選ばれる |
| 仕事は**義務・苦痛** | 仕事は**よろこび** |
| お金を得て**腹を満たす** | **心を満たして**お金も得られる |
| 売ろうとしなければ売れない<br>売ろうとすれば嫌がられる | **売ろうとしなくても**<br>**自然に売れる** |
| 売る人も買う人も**無表情** | 売る人も買う人も**笑顔** |
| 仕事によって**人生が消耗する** | 仕事によって**人生が充実する** |

# はじめに

「モノが売れない」と言われて久しい今の時代に、**「売る気」がないのに**（売ろうとしなくても）**自然に売れる。**

新規客も自然に増える。
他店との比較や価格交渉もなく、愛されて、応援されて、売り手も買い手も笑顔で、モノやサービスが自然に売れていく。

誰もが理想的だと感じる状態。
本書は、そうなるための方法を書いた本です。

はじめにお伝えしておきますが、この本は営業ノウハウの本でも、広告やマーケティングノウハウの本でもありません。新たな営業テクニックを身につけなくても、広告やマーケティングにお金をかけなくても、既存客からの売上が自然に上がり、相性の良い新規客も自然に増える。そんな方法を書いた本です。

「そんな都合のいい話があるわけない」
「どうせまた胡散《うさん》臭い話だろう」

そう思われるのも無理はありません。この話は、ある業界の人たちと内々で実践研究してきたもので、世間には出回っていません。しかもかなり非常識な内容なので、信じてもらえないことも多いです。そこでは、次のような考え方を共有しています。

- 商品やサービスのことは、いったん忘れたほうがよく売れる。
- 売上や利益のことも、いったん忘れたほうがよく売れる。
- 「売上・利益ファースト」よりも、「幸せファースト」のほうが売上は上がる。
- 「顧客第一」よりも「自分第一」のほうがファンは増える。
- 販促イベントより、コンサートやお祭りをしたほうが売上につながる。

本当に非常識です。しかし実践すると次のような声が続々と寄せられます。

▼お客さんがまるで別人のようにいい人になった
▼お客さんと友達のように仲良くなった
▼お客さんが店を応援してくれるようになった
▼他店との比較や価格交渉をされなくなった
▼大きな仕事も任されるようになった
▼利益率が劇的に向上した
▼わがままやクレームを言われることがなくなった
▼好意的な新規客が向こうからやってくるようになった

このような理想的な変化が、実際に起こっています。

昨今はモノが売れなくなったと言われます。だから営業やマーケティングをがんばるわけですが、今の時代は売ろうとすればするほど売れなくなります。黙っていては売れないし、売ろうとすればもっと売れなくなる。今、多くの商売がそんな悪循環にはまっています。

しかし私の周りでは、そんな「売れない悪循環」の真っただ中にあった人が、わずか1～2年で、売ろうとしなくても自然に売れるようになり、仕事と人生が劇的に変わっていっています。その鍵が、「売上・利益第一」から「幸せ第一」への転換なのです。

そう言うと必ず、そんなの「きれいごと」だと反論されるのですが、そのきれいごとこそが、今の時代に自然に売れるようになる鍵なのです。これは机上の空論ではなく、全国各地で実際に起こっている事実です。その事実に私は驚かされ、勇気づけられ、それを多くの人に伝える必要性に駆られて、本書の執筆に至りました。

ところで、私と一緒にこの研究を進めてきた、ある業界とは、**「街の電器屋さん」**です。

こう言うと、9割以上の方は「?・?・?」といった顔をなさいます。

「街の電器屋さんって昔あったよね」とか、「どうしてつぶれないの?」など、そんな反応をされる方が多いです。そんな方にはまず、街の電器屋さんの実態からお伝えしています。

確かに、街の電器屋さんの軒数は減っています。しかし、今も元気に商売を続けている街の電器屋さんは、大型量販店にもアマゾンにも負けずに顧客から絶対的に支持され続けています。

しかも家電だけではなく、電気工事、水回り、住宅設備、住宅リフォームなどまで任されています。住宅の仕事の場合はリフォーム会社や大工さんと連携する場合も多いのですが、街の電器屋さんがいわば元請けとなっています。規模は小さくても非常に力強い経営をされているのです。

ただ、私が街の電器屋さんに興味を持った最大の理由は、その強さではありません。**そこで行われる商売では、お客さんも店の人も笑顔で、楽しい会話が交わされ、笑い声が響き、商売の現場が幸せな空気に満ちていて、そこに私は心を奪われた**のです。

ちなみに私自身は、電器店業界の人間ではありません。大学卒業後に経営コンサルティング会社に入社し、その後、通販事業を立ち上げて急成長させたり、ネットビジネスでお金を稼いだりと、いかに売るか、いかに稼ぐかばかりを追求していた人間です。

しかし次第に、どれだけ売上を上げても虚しさを感じるようになり、特にインターネットを使って人と接することなくお金を稼ぐだけの日々が続くと、仕事の意義を見出せなくなり、どうしようもない虚無感と空虚感に襲われるようになりました。

そんな時、妻が原因不明の体調不良で入退院を繰り返したこともあり、家事や育児をしながら人生を考え直し、すべての仕事をリセットしました。収入ゼロの状態になり、これからの人生をどう生きるかという問いに向き合いました。

そもそも、私たちは何のために商売（ビジネス）をするのでしょうか。例えば、モノの売り買いという点に関しては、テクノロジーの進化によって、人と接することなく、安く便利にモノが買えるようになりました。今後もますます便利になっていくでしょう。しかし私は思うのです。

「それって幸せ？」

モノやサービスを買うのは「幸せ」や「より良い人生」のためのはずなのに、売り手は利益と効率ばかりを考え、買い手は価格や利便性ばかりを考え、いつしか商売は単なる「モノとお金の交換」になりました。それは私たちにとって、幸せな「進化」なのでしょうか。

そんな疑問を感じていた私は、街の電器屋さんの商売に出合って魅了されたのです。今後、テクノロジーがどれだけ進化しどんなに便利になったとしても、街の電器屋さんの商売の現場にある「笑顔」は、絶対に人間にしかつくれない。そこにある「幸せ」は、絶対に人と人の間にしか生まれない。そう感じたのです。

それから私は、600店以上の街の電器屋さんとお付き合いして、「売る人も買う人も笑顔で商売が繁盛する方法」を研究してきました。そんな想いに共感してくれた電器店の有志の皆さんと一緒に、仮説・実践・検証を繰り返してきました。その結果、前述のような事例が続出するようになったのです。本書は、その実践研究で得られたノウハウをお伝えするものです。

**もとになっているのは電器屋さんの事例ですが、「売上・利益目的」のビジネスから「幸せ目的」のビジネスへの転換がテーマなので、そこに興味のある方であれば、業種・業態を問わずお役に立てる内容です。**

モノやお金が中心の今までの時代の商売から脱却したい方、人間中心の時代、心の時代・精神の時代、愛の時代、風の時代などと言われる、新たな時代における商売（ビジネス）の在り方を見出したい方にとっては、ヒントやアイデア、ひらめきが得られると思います。

特に、次のような方に読んでいただきたいです。

**▼地域密着型のビジネスをされている方**
**▼小売業・サービス業に携わっている方**
**▼個人事業主や小さな会社の経営者**
**▼売上第一・売り込み型の仕事が嫌になった人**
**▼仕事を通じて、意義のある充実した人生を送りたい人**
**▼社会貢献・地域貢献と仕事を両立させたい人**
**▼お金だけのために働きたくない人**
**▼使命や志のために働きたい人**

本書には、売上も顧客も自然に増える方法が書いてありますが、それが目的の本ではありません。目的は、売る人と買う人の笑顔であり、幸せです。より良い人生、より良い社会です。そういう意味ではビジネス書とは呼べないかもしれませんが、結果的に売上も利益も顧客もファンも自然に増えて、あなたのビジネスに大いに役立つ本です。

この本を手に取ってくださった皆さんの仕事の現場が、笑顔と充実感で満たされ、自然とビジネスも上向きになっていくこと、それによって社会がより良い場所になっていくこと、それがこの本の使命です。

本書が、あなたの人生の充実につながることを願っています。

# 笑倍繁盛

目次

「売る気がない!」のに
なぜか自然と売れてしまう
繁盛の法則

CONTENTS

第2章
# 「売る気がない」世界への行き方、教えます！

第3章

# 笑倍繁盛は「WHY」から始まる——商売が笑倍に変わるスイッチ

# 第4章 笑倍繁盛の実践方法

# 第5章 貢献の時代の商売観――世界をより良い場所にする

おわりに

# 第1章

# 「売る気がない」が「自然に売れる」を引き寄せる！

## 売ろうとするのをやめたら、自然に売れるようになった⁉

静岡県焼津市に、サカモト電器という小さな電器屋さんがあります。2代目店主の坂本明弘さんは、ご両親の背中を見て育ち、小学生の頃から「将来は電器屋さんになりたい」と夢を持ち、工業高校から電器店後継者養成学校を経て、家業であるサカモト電器で働き始めた、とてもまじめな方です。

坂本さんが33歳の時、お父さんが急逝されて急遽、跡を継いで店主となりました。全く準備をしていなかったこともあり、最初は無我夢中でお客さんを訪問して回りました。しかしお客さんが信頼していたのは坂本さんのお父さんだったので、坂本さんの代になると徐々に客離れが起こりました。ちょうどその頃、近くには量販店の出店も相次ぎ、客離れが加速していきました。

売上が下がり、危機感を抱いた坂本さんは「もっと努力して売上を上げなければ」と考え、さらに熱心にお客さんを訪問して回りました。来る日も来る日もモノを売りに行く日々。しかし、なかなか売れません。それどころか、モノを売ろうとしてお客さん宅を訪問すればするほど、だんだんお客さんが離れていくように感じました。

**売上は下がる。がんばって売ろうとするとますます売れなくなっていく。**

坂本さんはそんな悪循環にはまっていました。当時まだ小さなお子さんもいた坂本さんは、家族を養っていくために、お父さんから引き継いだ大事なお店を廃業することも頭にちらついたそうです。そんな頃に、坂本さんは私のセミナーに参加されました。

セミナーでは、本書でこれからお伝えするような内容の話をしたのですが、その頃はまだ仮説の部分も多く、事例はありませんでした。もちろんノウハウも確立していません。しかし坂本さんは何か感じるものがあり、セミナー終了後に、

「私が実験台になるので、サポートしてください」

と言ってこられました。そこから、**サカモト電器さんの商売と、坂本さんの人生の大変化が始まりました。**

ちょうど創業40周年のタイミングでした。従来なら「創業祭」という名の売り出しイベントを行って、ここぞとばかりに売ろうとするところですが、それだと今までの悪循環を繰り返してしまいます。

そういう「販売目的のイベント」にはしないことを決めて、その代わり、売上のことも商品のことも忘れて、とにかくお客さんに感謝を伝えて、楽しんでいただくことだけを目的とした「お店の誕生会」という、**モノを売らないイベント**を行うことにしたのです。

「モノを売らないイベント」なんてやったことがない坂本さんは、開催前は不安で仕方がありませんでした。毎晩胃が痛くなっていたそうです。**「商売とはモノを売ること」という従来の常識が染みついていると、モノを売らないことに不安を感じる**のです。しかし思

い切ってやってみると、坂本さんは今までとは全く違った世界を体験することになりました。

まず、お店の40歳を記念して、坂本さんがお母さんに感謝の手紙を読むセレモニーを行いました。そんなことをして何になるの？　そんなイベントをしてもお客さんは来てくれないんじゃないかと心配されていましたが、雨の中、多くのお客さんが来場されました。

そして、そこにいるみんなが涙を流すような感動的なセレモニーになり、お祝いのお花も届き、店の壁はお祝いメッセージで埋め尽くされました。坂本さんが娘さんと一緒につくったケーキを振る舞い、お父さんの写真を囲んで思い出話に花が咲きました。お客さんは坂本さんに「あんた、いいことやったね」「あんた、えらいよ」などと声をかけていました。

またこの日に合わせて「さかもっちゃんの取扱説明書」という冊子をつくりました。サカモト電器にできることや、坂本さんの自己紹介、商売に対する想いなど、伝えたいことをまとめて冊子にしたものです。それをイベントの際にお客さんにお渡ししました。

するとその日を境に、お客さんが変わり始めました。今まではお客さんから「電器屋さん」とか「サカモト電器さん」と呼ばれていたのに、「さかもっちゃん」と呼ばれるようになりました。訪問すると嫌な顔をされていたのが、歓迎されるようになりました。お客さんが何でも話してくれるようになり、自然と仕事の相談や依頼も増えました。**売ろうとするのをやめたら、自然と売れるようになった**のです。

進むべき方向性が見えてきた坂本さんは、モノを売るためのイベントをやめて、お客さんや地域の皆さんのために、AED講習、認知症講座、防災教室などといったイベントを次々と開催していきました。

そんなサカモト電器さんは、地元の新聞やテレビにも取り上げられ、地域では有名な人気の電器屋さんになりました。坂本さんは、「わずか1~2年で人生がガラリと変わりました」とおっしゃっています。今では多くのお客さんから必要とされ、愛され、笑倍繁盛の幸せな日々を送っていらっしゃいます。

## 「商売繁盛」は死語になった

これから本書で常識外れなことをお伝えしますが、それはすべて実際に起こった事実を元にしていることをわかっていただきたく、いきなり事例からスタートしました。

今の時代の「売れない理由」は、多くの場合、商品やサービスの問題ではありません。売り方やマーケティングの問題でもありません。それ以前の問題です。それは商売（ビジネス）の定義の問題です。

「商売」を辞書で調べると、次のように書かれています。

**利益を上げる目的で物を売り買いすること。**

同じく「ビジネス」を辞書で調べると、次のように書かれています。

**営利活動。感情を交えない金儲けの手段としての仕事。**

辞書によると、「商売」も「ビジネス」も「利益目的の活動」ということになります。

ところで、あなたは辞書を信じますか？

もしあなたが、商売やビジネスに関して、辞書に書かれている定義をそのまま信じているなら、あなたの商品・サービスが売れない原因はそこにあるのかもしれません。

はぁ？　何言ってるの？　辞書に書いてあることは正しいに決まってるじゃん。

そう思いますよね。私たちは普通、辞書に書いてあることを無条件に正しいと信じて疑おうとしません。でも実は、それが売れない原因になっているのです。私もはじめてこのことに気がついた時には、愕然としました。

あなたの一日を振り返ってみてください。朝起きて新聞を取ると、チラシの束がドサッと落ちてきます。新聞をめくっても、テレビをつけても、スマホを見ても、道でも電車でも、どこを見ても何を見ても広告を見せられます。私たちには毎日毎日、次から次へと「利益目的の商売」が襲ってくるのです。

そんな体験に、私たちはもうウンザリしています。いや、ウンザリしていることすら忘れています。その代わり、ほとんど見ないようにしています。目には入っていても、無意識にスルーする術《すべ》を身につけています。

そこで宣伝する側は、どんどん過激なデザインやキャッチコピーにしていきます。無理やり意識させようとして、ＷＥＢでは非常に邪魔なところに広告を表示させたり、テレビでは続きが見たいところでＣＭを入れたりします。そういうことをするから、私たちはますます商売（ビジネス）が嫌いになっていきます。

だから私たちは、営業マンが訪問してきたら居留守を使うか、ドアフォンでお断りします。電話がかかってきたらセールストークの途中でもガチャ切りします。優しい人でも「今忙しいので」とか適当な理由で電話を切ります。チラシやＤＭはゴミ箱直行です。私たちは、商売目的（売上・利益目的）の人や電話、ＤＭを無意識に避けて日常生活を送っているのです。

つまり、売れない本当の原因は商品やサービスにあるのではなく、営業やマーケティングにあるのでもなく、あなたがやっていることが「商売（ビジネス）」だと認識されることにあるのです。売れない原因は、あなたが売上・利益目的の「商売人」「ビジネスマン」だと思われることなのです。

「自分は売上・利益目的ではない商売（ビジネス）をしている」

そういう人も多いでしょう。でもこれは、売り手の問題ではなく買い手側の認識の問題です。もっと言えば、社会全体で共有している常識の問題です。世の中の常識的な人は、「商売＝売上・利益目的」という認識を持っています。だから、商売（ビジネス）の人・電話・ＤＭだと認識されると避けられるのです。そこに、売れない原因があるのです。

**今の時代は、辞書に書いてあるとおりの常識的な「商売」だと思われると、その時点で売れなくなる**のです。「商売」は繁盛しない時代になったのです。商売人なら誰もが「商売繁盛」を願い、正月には初詣に行って祈願しますが、この「商売繁盛」の四文字熟語は、すでに死語になっていると言っても過言ではありません。

では、もう商売繁盛はできないのでしょうか。もちろん、そんなことはありません。ただ、今の時代に繁盛するためには、商売の意味を書き換える必要があります。つまり「商売」を再定義する必要があるのです。

## 「商売」を再定義する　～「笑倍繁盛」の法則

私は、次のような「商売の再定義」を提唱しています。

**【従来の定義】「商売とは、利益を上げる目的でモノを売り買いすること」**

↓

**【新しい定義】「商売とは、人や社会の幸せのためにモノを売り買いすること」**

商売の目的を「利益」から「幸せ」に変えましょうということです。「売上ファースト」「利益ファースト」から、「幸せファースト」に変えましょうということです。では、商売の目的が「売上・利益」から「幸せ」に変わるとは、どういうことなのでしょうか。実際には何が変わるのでしょうか。

辞書に書いてあるとおりの常識的な「商売」は、「売れるかどうか」「儲かるかどうか」から考え始めます。儲かりそうならやる。儲からないことはしない。そして日々「どうすれば売れるか」「どうすれば儲かるか」を考え、「売れたかどうか」「儲かったかどうか」を管理します。まさに、「売上・利益ファースト」「売上・利益中心」です。

一方、商売の目的が「幸せ」になると、「お客さんや働く人が幸せになるか」「社会が幸せになるか」からスタートします。幸せになるならやる、幸せにならないことはしない。そして日々「どうすれば幸せになるか」を考え、「幸せになっているかどうか」を管理します。「幸せファースト」「幸せ中心」になります。

このような話をすると、多くの人から賛同されます。今の時代は「お金第一」という人は減少し、心の豊かさ、精神的な充足、社会貢献や自己実現などを重視する人が増えています。「モノ」や「お金」から、「こころ」や「幸せ」へと価値観がシフトしています。だから、多くの人に賛同されるのです。

でも、その後が問題です。いざ商売（ビジネス）の場面になると話が違ってきます。

話としてはわかるけど……、

「数字が上がらなかったらやっていけない」
「事業を存続できない」
「食べていけない」

などと言って、「売上・利益ファースト」「売上・利益中心」のプログラムが作動し続けます。そしてお客さん側には、それを避けるプログラムが作動します。売り手はがんばって売ろうとする、買い手側はなんとかそれを避けようとする。今の時代の商売（ビジネス）の多くは、そういう構造になっています。

実際、多くの方はそんな現状を薄々と感じています。でも、それに代わるやり方がわからず、とりあえず売らなきゃいけないこともあり、売り込み型の営業活動や、人を動かして買わせようとするマーケティング活動が続けられています。

そんな中、私の話に共感してくださった街の電器屋さんが、「売上・利益ファースト」から「幸せファースト」にシフトして、様々なことを実践してきました。

その結果わかったことは、今の時代は「売上・利益ファースト」から「幸せファースト」にシフトすると、なぜか逆に、売上や利益が上がるということでした。不思議なことに今までよりも売れるようになり、儲かるようになるのです。

**「売上・利益ファースト」は、売上を遠ざけ、幸せも遠ざけます。「幸せファースト」は、幸せを引き寄せ、売上も引き寄せます。**

「売上・利益ファーストから幸せファーストへ」と言うと、売上や利益が下がる印象を持たれることが多いのですが、実は「幸せになるし儲かる」という、とてもおいしい話なのです。

そこで私たちは、売上・利益目的の商売と、人の幸せを目的とする商売を区別するために、売上・利益目的の「商売」に対して、人や社会の幸せを目的とする商売を売る人と買う人の笑顔という意味を込めて「笑倍」という漢字で表し、「商売」を「笑倍」に変えましょうと言っているのです。

冒頭のサカモト電器さんの事例は、売上・利益目的の「商売」を幸せ目的の「笑倍」に変えるとどうなるのか、それをわかりやすい形で示しているのです。

では引き続き、「商売」を「笑倍」に変えたお店の事例を見ていきましょう。

# 「売る気がない」と宣言したら何が起こるのか？

新潟市にあるeプラザのぐち店さんは、若い夫婦二人で営む小さな電器店。社長の野口昇二さんは、本書でお伝えするような考え方に共感するところが多かったようで、早い段階から「商売」から「笑倍」へのシフトに率先して取り組まれました。

最初に「お店の取扱説明書」をつくりました。その際、「なぜ、何のために、今の仕事をしているのですか？」という問いかけに向き合うワークを行うのですが、その中で野口さんが長年封印してきた想いが出てきました。

野口さんは以前から、モノを売るためのイベントやチラシ、販促活動などに、どこか本気になれないところがありました。本心では「モノを売り込むのが好きではない」と感じていたそうです。もちろん「商売」だから売るのですが、「売らなければいけない」と自分に言い聞かせて売っていたそうです。

でも「商売」をやめて「笑倍」にシフトするとなると、そんな本心を隠さなくてよくなり、自分の本心を正直に打ち出すようにしました。そしてお店のキャッチコピーを次のように決定しました。

**「実はうちの店、商品を売る気がないんです。」**

店の取扱説明書の表紙に、そのように大々的に謳《うた》いました。もちろんそれだけではなく、この店の使命は「心豊かな人生のお手伝い」であり、モノを売るのはそのための手段だという、野口さんの本心を綴《つづ》りました。

そんな取扱説明書をお客さんに配ると、たちまち話題になりました。

「こんなこと書いて大丈夫なの？」

と、お客さんからも同業者からも心配されました。

でもその宣言をして以来、野口さんは自分の本心に正直な、自分らしい商売（笑倍）ができるようになり、毎日の仕事が楽しくなりました。「自分はこのために働いているんだ」「自分はこれでいくんだ」という軸ができて、ブレなくなりました。

そして、お店でお客さんと一緒に趣味のクラフトビールを飲むイベントを行ったり、全長20メートルの巨大ソーメン流しをつくって地域の子どもたちを集めるイベントや、高齢のお客さんを対象にした「スマホ相談会」や「終活セミナー」を開催したりと、まさに「売る気がないイベント」を次々と企画・実行していきました。

eプラザのぐち店の取扱説明書

すると不思議なことに、売る気がないと宣言し、売る気がないイベントを行い、実際に売ろうとしていないにもかかわらず、逆に売上は自然と伸びていきました。お客さんが好意的になり、応援してくれるようになりました。

時には、納品や工事に行くとお客さんからビールや日本酒をもらうこともあるそうです。野口さんがビールや日本酒が好きなことは取扱説明書に書かれており、お客さんは野口さんが家に来る前に、あらかじめ野口さんが好きなお酒を用意しておいてくれるのです。

買ってくれたお客さんに店がビールをあげるのならわかりますが、お客さんが電器屋さんに仕事を依頼して、もちろん正規の代金を支払った上に、ビールや日本酒を持たせてくれるのです。常識的な「商売」の世界では考えられないことです。でも「笑倍」にシフトしたお店では、こういうことがよく起こります。

売ろうとしていないのに自然に売れて、仕事に行くとビールがもらえる。なんともうらやましい状態です。今では、仕事や顧客が増えたために社員も採用し、「売る気がない電器屋さん」はますます繁盛店になっています。

## 地域のお祭りを復活させたら売上が上がる

横浜市の佐藤テレビ音響社さんは、社長の佐藤誠さんと妹さんの二人で営む店。佐藤さんは、「商売」から「笑倍」にシフトした他店の事例を見て、「ウチも何かやりたい」と思うようになり、思いついたのが「地域のお祭りの復活」でした。町内会や商店会などの高齢化に伴って、10年前に中止となっていた地域のお祭りを復活させたいと考えたのです。

最初は佐藤さんのお店のガレージで小さく始めました。そこに地域の店や企業の共感や協力が集まり次第に輪が広がり、さらに町内会や商店会、警察や学生ボランティアなど、様々な人や組織からの協力の輪も広がり、個人の寄付も集まるようになりました。そして「大丸ストリートフェスタ」と名付けられたそのお祭りは、来場者が１０００人を超えるような、地域ぐるみのお祭りに成長しました。

フェスタ当日、通りには子どもたちの笑顔があふれました。子どもを連れてきたお母さん方からは、自分たちが子どもの頃にあった地域のお祭りに、自分の子どもを連れて一緒に楽しむことができてとても嬉しいという声が聞かれました。

佐藤さんは、地域のためにお祭りを復活させてくれた人、「大丸ストリートフェスタ」を企画した人として、多くの人から感謝されました。すると自然とお客さんも増えるようになり、はじめてのお客さんも最初から好意的で、いいお付き合いができるようになりました。

また、フェスタ直前には不思議な現象が起こりました。フェスタの準備で仕事どころではなくなることを覚悟していた佐藤さんは、フェスタ前の時期は売上が下がることを想定していました。しかしフェスタが近づいて準備に時間を割くようになっても、不思議と売上は落ちません。逆にフェスタが近づいてくると注文が増えて、売上が異様な伸びを見せました。さらに驚いたのは、注文時のお客さんのセリフです。

「納品はフェスタの後でいいからね」

これはどういうことでしょうか。フェスタの前に注文するけれど、納品はフェスタが終わってからでいいと言うのです。普通なら、注文したからには早く納品してねと急かされるところです。急がないのなら、何もフェスタ前に注文する必要もないはずです。

そんなお客さんが何人もいたそうです。これは推測ですが、地域のためにがんばる佐藤さんを応援したいから注文する。でもフェスタの邪魔はしたくないから納品はフェスタ後でいい。そんな心理が働いているとしか考えられません。

自店の宣伝をするわけでもなく、地域のお祭りに時間や労力を投じるのは、従来の「商売」の価値観では否定されます。「そんな無駄なことしていたら商売にならん」と言われるでしょう。しかし、実際に売上は上がっています。今の時代は、**「地域のために」という「きれいごと」は無駄ではなく、むしろ笑倍繁盛を実現するエンジンになる**ようです。

# スタッフの卒業式をしたらエアコンが売れる不思議

大阪府高槻市のマツシタデンキさんでは、40年間勤務された佐々木さんという71歳のスタッフの方が退職される際に、「佐々木さんの卒業式」というイベントを行いました。社長の松下孝次さんは「ウチの店は売ることばかりやってきたので、そんなイベントをやっても人は来ませんよ」と心配されていました。

やってみると、卒業式には40人以上の方が来場され、佐々木さんへのメッセージは100通以上集まり、スタッフやお客さんなど、多くの方が涙を流す感動的な卒業式が行われました。

その卒業式は、もちろん販売目的のイベントではありません。卒業式の案内にも商売に関することは一切載せませんでした。でもなぜか、佐々木さんの卒業式の案内をしてから、エアコンの注文が続々と入るようになりました。そして注文されるお客さんからは、驚きのセリフが聞かれました。

「最後に佐々木さんに取り付けてほしいねん」

アイドルのさよならコンサートか？　とツッコミたくなりました。佐々木さんは御年71歳。エアコン工事なら、若いスタッフにやってもらったほうが安心できそうなものです。確かに佐々木さんは技術力に定評のある方でしたが、「最後に佐々木さんに取り付けてほしいねん」という言葉の真意は、技術力があるからということではないのは明らかでした。

佐々木さんへの永年の感謝の想いや気持ちのつながりが、そういう行動を生んだのは間違いありません。売上第一の「商売」では、卒業式なんて無駄なイベントはしませんが、そんな無駄なイベントを行うからこそ、生まれるものがあるのです。

それは、感謝、ねぎらい、応援、寂しさなどの感情であり、心のつながりです。それらは、「商売」においては無視されがちですが、「笑倍」においては非常に重要なものです。

それが感動を生み、売上をも生んだのです。

## 「街づくり」を使命に掲げて顧客が増え続ける店

次に、兵庫県加古川市にあるすえひろでんきさんの事例を紹介します。

二代目社長の末広二郎さんは、もともとは店を継ぐつもりもなく、大学卒業後は商社に勤めてバリバリの営業マンとして働いていました。ある時、足を怪我して入院し、それでも電話とFAXで病院内から仕事をしていたそうですが、入院中の静かな夜に、病室でこれからの自分の人生について考えた時、こんな人生でいいのだろうか？　と疑問を感じ、脱サラして実家の電器屋さんを継ぐことに決めました。

お父さんは自分の代で店を閉めるつもりだったため、店の売上は厳しい状況でしたが、末広さんは商社で鍛えた営業力を武器に徹底的に売り込んで売上をつくっていきました。

毎月売り出しイベントを行い、来る日も来る日もお客さんに何かを売り込みました。

確かに売上は上がりましたが、顔を見れば何かを売り込まれるので、お客さんからは敬遠されるようになりました。地域に撒《ま》いていたチラシの効果で新規のお客さんも増えていましたが、その分客離れも激しく、お客さんが定着しない状況が続いていました。

「もしかして、ウチの店って嫌われてる？」

そんな疑問を感じていた時に、私が講師を務めるセミナーに参加されました。ピンとくるものを感じた末広さんは、すぐに行動に移しました。今までのような売り込み型の商売をやめて、「お客さんの笑顔が見たいから」という、電器屋の仕事をしている理由に立ち返り、「笑倍」への転換を決意されました。

営業方法、イベント、ニュースレターやチラシなど、ありとあらゆることを「笑倍」バージョンに変えていきました。するとやはり、お客さんの反応が変わってきました。何でも話してくれるようになり、笑顔が見られる場面が増えました。

そしてある時、お客さんのこんな声が聞こえてきました。

「最近は町内会の催しなんかも減って、寂しいねん」
「すえひろでんきに来ると、昔の友達と会えたりして楽しいねん」

そんな声を度々聞くようになった末広さんは、「もっとたくさんの地域の人たちが集まれて、みんなが笑顔になれる場所をつくりたい」と思うようになりました。そして、地元の文化センターの大きな会場で、地元出身の歌手を呼んで、大規模なコンサートを企画しました。

席数は約300席。チケットは500円。街の小さな電器屋さんが主催するコンサートに、どれだけの人が集まるのか？　最初は不安でした。

しかし、不安はすぐに驚きに変わります。お客さんにコンサートの話を伝えると、「チケット10枚置いといて。ええことやから、売っといたるわ」

そんなお客さんが続出しました。「商売」から「笑倍」へシフトしていた末広さんには、すでにその想いに共感して、応援してくれる人がたくさんできていたのです。地域の他業種のお店も協力してくれました。ケーブルテレビ、ラジオ、新聞など、地元メディアも取り上げてくれました。

その結果、コンサートはほぼ満席で行われました。席が埋まっただけではなく、会場には開演前から「ありがとう」の声がこだまして異様な熱気でした。末広さんやスタッフの皆さんの感謝の声と、「こんなすてきなことを企画してくれてありがとう」というお客さんからの感謝の声が、あちこちから聞こえてきました。

コンサートは、涙あり、笑いありで大いに盛り上がりました。終了後はさらに多くの

「ありがとう」が飛び交い、みんなが笑顔になっていました。

その後すえひろでんきさんは、「安心して笑顔で暮らせる街づくり」と使命をバージョンアップさせて、認知症講座、防災教室など、地域貢献を目的としたイベントを次々と行っています。

すると、そんな「街づくり」を掲げるすえひろでんきさんは、地域の人たちから応援され、以前のように何かを売ろうとしなくても自然に売れる店に変貌を遂げました。今はまさに、「笑倍繁盛」状態になっています。

## 「笑倍繁盛」と「新型コロナ」

2020年の3月〜5月、新型コロナウイルスの感染拡大が深刻化し、日本中に不安感が広がっていた時、「笑倍繁盛」をめざして実践を進めている電器店経営者の皆さんとは、何度もオンライン会議を行いました。コロナの影響を共有し、対策を練るためです。

オンライン会議には、北海道から九州まで、全国各地の電器店経営者が参加されました。現状をお聞きすると、電器店業界は、観光業や飲食業のような甚大な被害が出ているわけではありませんでしたが、世間が自粛一色に染まった状況の中では、さすがに売上を落としている店も多くありました。

しかしその会議に出席されている皆さんのお店では、売上は下がっていない様子で、意外なほどに前向きでした。それは、そこに集まっている皆さんがすでに売上・利益目的の「商売」をやめて、幸せ目的の「笑倍」へとシフトされていたからでした。

従来どおりの「商売」をしていた店にとっては、新型コロナウイルスの感染拡大は大きなマイナス要因となっていました。多くの人が自粛して巣ごもりしている状況では、お客さんが店にモノを買いに来ることはなく、商売目的でお客さんを訪問するわけにもいきません。そんなことをしたら、それこそ決定的に嫌われてしまいます。

また、定期的に販促イベントを開催してそこで売上をつくるという店も多いのですが、そんなイベントも開催できません。こうして商売の手段を失ったお店は、売上を大きく落としていました。従来型の売上・利益目的の「商売」の店にとっては、まさに「コロナショック」であり、大ピンチとなっていました。

一方、「笑倍」にシフトされたお店は、全く状況が異なりました。そのようなお店は、もともと販売目的の活動もイベントもしなくなっていたので、直接的なマイナスは小さいものでした。また「笑倍」の店の売上を支えているのは、店からの営業活動ではなくお客さんからの自発的な相談・依頼・注文ですが、それらはコロナ禍であってもなくなりませんでした。

逆にそのようなお店では、

「コロナで大変でしょう。お店は大丈夫？」

「大変な時は言ってね。仕事を頼むから」

といった声まで寄せられました。同じ業種でも、従来どおりの商売をしていた店と、笑倍にシフトしていた店では、コロナで体験する世界が全く違っていました。笑倍にシフトされた皆さんは、口々にこう言っていました。

「コロナはピンチではなくチャンスだと思う」

新型コロナウイルスの感染拡大という全く同じ状況なのに、「商売」をしている店にとってはピンチであり、「笑倍」をしている店にとってはチャンスになっていました。

コロナによって「商売（売上・利益目的の行為）」は自粛せざるを得なくなりましたが、笑倍（お客さんを幸せにするための活動）は自粛する必要がありません。むしろ、ますます必要とされていました。だから、笑倍の店は、コロナ禍でもやたらと活動的でした。

では、幸せ目的の「笑倍」へとシフトした店が、コロナ禍でどんな活動をしていたか、いくつかご紹介してみようと思います。

## 新型コロナが「笑倍繁盛」を加速させた

コロナの感染が広がり始めた頃、トイレットペーパーやティッシュペーパーが不足するというデマが広がり、一時的に店頭から消えました。そんな時期には、トイレットペーパーやティッシュペーパーが手に入らずに困っている方へ無料でお譲りする活動をしているお店がありました。

学校や幼稚園が突然の休校・休園となり、共働き家庭が困っている時には、お子さんを預かるという活動をしていたお店がありました。

消毒液、マスク、ウェットティッシュなど、手に入りにくい衛生用品が手に入ったら、多くのお店がそれらを無料で配布しました。

巣ごもり生活が続き、コロナのニュースばかりで気分が滅入ってくると、お客さんのそんな不安に寄り添うお手紙を出したり、お花を届けたり、ぬり絵を配ったりと、様々な方法で不安を軽くしよう、笑顔になってもらおうと活動していました。

そして、コロナ禍でそんな活動に精を出していた多くの電器屋さんからは、次のような報告が届くようになりました。

「お客さんに過去最高に喜ばれました」
「お客さんが涙を流して、今までで一番感謝されました」
「スタッフも、かつてないほどに自分たちの仕事の意義を感じています」

このような報告が、続々と寄せられたのです。何十年も商売をしてきた電器店の皆さんが「過去最高」「今までで一番」などと口を揃えるのは珍しいことです。

「商売」であれば、「過去最高」の後に続く言葉は「売上」や「利益」ですが、「笑倍」の場合はその後に続く言葉が変わります。過去最高の「感謝」、過去最高の「よろこび」となります。「幸せ」を第一に考える笑倍においては、「感謝」や「よろこび」が成果なのです。コロナによって、過去最高の「感謝」や「よろこび」が得られたということは、過去最高に成果が上がったということになるのです。

そして、ここからが重要なところで、なおかつ勘違いされやすい話なのですが、多くのお店では、こういった活動の後に売上が劇的に上がりました。コロナ禍にもかかわらず対前年比で150%とか200%というお店が続出しました。それこそ「過去最高」の「売上」や「利益」になった店もありました。

この話をすると「エビで鯛を釣ったんだね」と言う人がいますが、それは全く違います。彼らは、売上を上げる目的で消毒液やマスクを配ったわけではありません。長い目で見ると、売上や利益につながるであろうと想定しながらも、その行為は純粋に、お客さんを想う気持ちからのものでした。しかし予想以上に早く、予想以上に大きく、売上につながったのは事実です。

こういう話をしても、やっぱり「きれいごと」と言われます。実際に起こっている事実なのですが、お伝えするとどうしても「きれいごと」と言われてしまうのです。しかしその「きれいごと」によって、お客さんの心が癒され、涙を流すほど感謝され、働くスタッフの心にエネルギーが湧き出し、結果的に驚くような売上が生まれたのです。

**「きれいごと」が売上につながり、「笑倍繁盛」を実現する。**新型コロナウイルスによって、そのことがますます明確になりました。

## 「モノ売りビジネス」と「幸せ支援ビジネス」

このように、売上・利益目的の「商売」を、幸せ目的の「笑倍」に転換すると、自然に売れるようになります。商売をしていた時と、笑倍に変わった後では、別世界のようになっています。そこでは、売っている商品は同じでも、やっている商売（ビジネス）は全く違うものになっています。

売上・利益目的の「商売」を行う人を「商売人」とすると、幸せ目的の「笑倍」を行う人は「笑倍人」となります。商売人と笑倍人は、同じように見えますが、中身は大違いです。

電器屋さんにも、家を売る営業マンや車の営業マンにも、アパレルショップの店員さんにも、美容院やサロンのオーナーにも、「商売人」と「笑倍人」がいます。傍から見ると見分けはつきません。同じように見えます。しかし彼らは働く目的が違うので、同じように見えても、いろいろな場面における行動に違いが表れます。

例えば、高齢のお客さんが来店されて「冷蔵庫が壊れた」と言ったとします。「商売人」の電器屋さんは、「冷蔵庫を売るチャンス」だと捉え、どうやって冷蔵庫を売ろうかと考えます。今までの冷蔵庫のことやお客さんの暮らし方などについてはろくに聞こうともせず、新しい冷蔵庫の説明をします。商売人にとっては、とにかく売上が第一なのです。

一方、「笑倍人」の電器屋さんの対応は全く違ったものになります。「冷蔵庫が壊れた」と聞くと、まずは現場に向かいます。そして症状や原因を特定し、お客さんの暮らしぶりや冷蔵庫の使い方などを確認します。その上で、修理したほうがいいのか、買い替えたほうがいいのか、買い替えるならどのような機種がいいのかなどを、お客さんの立場で考えます。

お客さんの要望をじっくり聞いた上で、一番良い方法を提案します。修理や買い替えに時間がかかる場合は、代替用の冷蔵庫を貸し出します。売り手側の都合で、修理を希望しているのに新品を売り込んだり、売りたい商品をすすめたりはしません。笑倍人にとっては、何よりも「お客さんの幸せ」が第一なのです。

電器屋さんを例に挙げましたが、どんな業種にも「商売人」と「笑倍人」がいます。

「商売人」は、よく話す傾向があります。特に、売りたい商品のことをよく話します。「笑倍人」は、よく聴く傾向があります。お客さんのことを知らなければ、何がお客さんにとっての幸せなのかがわからないからです。

両者は一見すると同じ商売（仕事）をしているように見えますが、本質的には全く違うビジネスをしています。

商売人にとっては、顧客は売り込む対象であり、商品は売上を上げるための手段ですが、笑倍人にとっては、顧客は守るべき対象であり、商品は幸せにするための手段です。

**商売人がやっているのは「モノ売りビジネス」です。**
**笑倍人がやっているのは「幸せ支援ビジネス」です。**

傍から見ると、どちらも同じようにテレビを売ったり車を売ったり、洋服を売ったりしています。髪をカットしたり、施術をしたりしています。会社にも、商売の会社と笑倍の会社があります。場合によっては、同じ会社や店の中にも、商売人がいたり笑倍人がいたりします。表面的には全く同じように見える両者ですが、実は大違いなのです。

そして今の時代は、商売人は嫌がられ、笑倍人は愛され応援されます。商売人ががんばってもなかなか報われないのに対して、笑倍人は楽々と売上を上げるのです。

どう考えても、従来どおりの売上・利益目的の「商売」をやめて、幸せ目的の「笑倍」に転換したほうがいいという結論に至ります。だから、「商売」を「笑倍」に変えて、売り手も買い手も笑顔で、幸せを実感しながら、自然に売れるようになる方法を研究してきたのです。

次章以降では、それを詳しくお伝えします。

第2章

# 「売る気がない」世界への行き方、教えます！

本章では、これまで取り組んできた笑倍繁盛の実践研究のプロセスと、笑倍繁盛の実践に欠かせない思考モデル「笑倍繁盛マトリックス」をご紹介します。

# 街の電器屋さんが量販店にもアマゾンにも負けない本当の理由

## 大型量販店でもアマゾンでも安く便利に買える今の時代に、なぜ街の電器屋さんはつぶれないのか？

おそらく多くの人が、街の電器屋さんに対して抱く疑問。最初は私も抱きました。だから、その理由を知りたくて、街の電器屋さん研究を始めました。関連の書籍や雑誌、ネット記事にはほとんど目を通しました。多くの電器店経営者から話も聞きました。そしてすぐに一つの結論に至りました。

その理由は「サービス」だということです。お客さんの希望に合った商品を選んであげて、納品や工事もしっかり行い、接続や設定、使い方の説明までしてあげて、その後も何かあったらサポートし続ける。そういったサービスの価値が含まれているので、価格だけ比べると割高だったとしても選ばれるということです。

書籍、業界新聞、雑誌、ネット記事、すべてに共通した論調でした。電器店経営者の皆さんに聞いても、そういう意見がほとんどでした。でもそれは調べる前からわかっていたことで、私の疑問は解消されませんでした。電器屋さんの現場で私が感じた幸せな空気は、「単にサービスが良いから」ということで生まれるものとは思えなかったのです。

そこである電器店に協力していただき、お客さんに直接インタビュー調査を行いました。車で10分圏内に大型の家電量販店が2軒ある、郊外の住宅地にある電器屋さんです。その店のお客さんに、「なぜ、このお店を利用されているんですか？」と質問したところ、次のような声が多く聞かれました。

## ●アフターサービスが良いから

- 電話したらすぐ来てくれるから
- 修理してもらえるから
- 対応が早いから

やはりサービスに関する回答は多かったです。しかしそれ以上に、次のような回答も多くありました。

- 長い付き合いだから
- 社長が好きだから
- 奥さんが好きだから
- 担当の〇〇さんが好きだから
- 人間性で選んだから
- いつもお世話になっているから
- 何かしてあげたいから

……

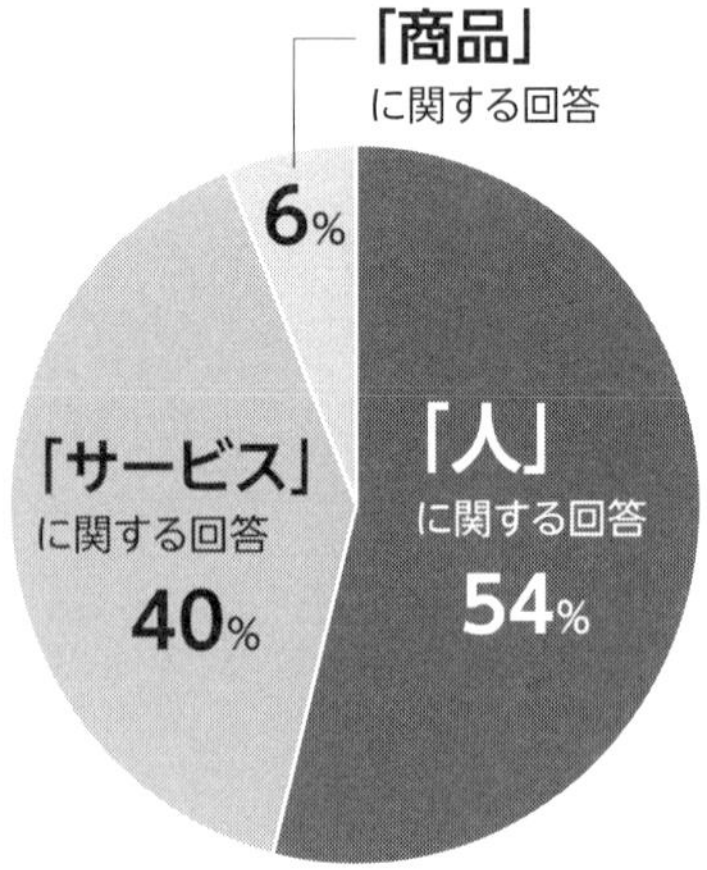

いわゆる「人」に関することです。集計すると、「サービス」に関する回答よりも「人」に関する回答のほうが多かったのです。

こうして見ていくと、街の電器屋さんが選ばれ続けている理由は、単に「サービスが良いから」ということではないことがわかってきました。間違いなく「人」に関することが、サービスに関すること以上に関係していると思われます。

## 消費者が店を選ぶ3つの理由

家電のような商品の場合、消費者はどこで買ってもモノ自体は同じです。そこで「どこで買うか」が問題となるわけですが、いろいろと調べていくと、消費者が買うお店を選ぶ理由は、大きく分けて3つあることがわかってきました。

**❶価格や品揃えで選ぶ**

「値段が安いから」「ポイント特典があるから」「品揃えが良いから」など

**❷サービスで選ぶ**

「アフターサービスが良いから」「すぐ来てくれるから」など

**❸人で選ぶ**

「長い付き合いだから」「店の人が好きだから」など

量販店やネット通販を利用している人には、「価格」で選んでいる人が多く、街の電器屋さんを利用している人には、「サービス」または「人」で選ぶ傾向があります。電器店経営者自身は「サービス」で選ばれているという回答が多数派でしたが、お客さんは「人」で選んでいると回答する人が多数派でした。

これらのデータと、笑倍繁盛をめざす実践を進めているお店で起こっていることを重ね合わせると、おもしろいことがわかります。実践を進めていくと、お客さんがいい人になったり、お店を応援してくれるようになったり、自分のことよりもお店のことを優先してくれるようになったりといった変化が起こるのですが、それは間違いなく「人」で選んでいる場合に起こっているものと考えられます。

サービスで選んでいるなら、お客さん自らが納品を遅らせるなど、自分に対するサービスを低下させるように言うことの説明がつきません。そのようなお客さんは、間違いなく「人」で選んでいて、「その人のためになること」を重要視していると考えられます。

安く買って自分が得することや、自分のためにより良いサービスをしてもらうことよりも、そのお店の人の役に立つことやその人を応援することが、お客さんにとっての喜びとなっているわけです。こう考えると、**「笑倍繁盛」を実現するためには、「人で選ばれること」が鍵になる**ということがわかります。

## あなたから買えるなら買う

ここで、思い当たることがあります。私の会社では、「地元の店で買える通販カタログ」をつくって街の電器屋さんに提供していますが、テレビ通販のヒット商品を掲載すると、お客さんがよく言うセリフがあるのです。

「あんたから買えるなら買うわ」

テレビ通販で見て興味を持ったとしても、通販では買わなかった人が、同じ商品がなじみの電器屋さんから買えるなら買うというのです。なじみの電器屋さんから買えることによって、通販では生み出せなかった需要が生まれるのです。

別の言い方をすれば、商品に価値を感じても、その価値だけでは購入に至らず、その価値に「この店で買う価値」「その人から買う価値」が上乗せされた時、はじめて購入に至るということです。これはまさに、**「その店で買うこと」「その人から買うこと」に価値があること**を証明しています。

ちなみにこれまで、膝や腰のサポーター、肌着、靴、フライパン、爪切り、入浴剤、サプリメントなどなど、様々な商品を電器屋さんで販売してきました。はっきり言って、どんなものでも売れます。「人」で選ばれているわけなので、その人が売るものなら何でも売れるのです。

例えば、健康シューズを販売すると、

「なんで電器屋さんが、靴なんか売ってるのよ～」

とツッコミを入れながら話が始まり、その靴の話や健康の話題で盛り上がり、試着してまた盛り上がり、そうこうしながら商品の価値がよく伝わって、お客さんもお店の人も笑顔でモノが売れていくのです。

確かに、良い商品を提供しているのですが、良い商品だから売れるわけではありません。そこに「人」が介在していて、売り手と買い手の間に良い関係性があるから、商品の価値が伝わり、その人から買う価値とともに売れていくのです。

街の電器屋さんが量販店にもアマゾンにも負けない本当の理由はここにあります。つまり**鍵は「人」であり、「売り手と買い手の関係性」**なのです。

## 「人で選ばれる関係性」とは?

では「人で選ばれる関係性」とは、どのような関係なのでしょうか?

人で選ばれている時にお客さんから聞かれる言葉は、「付き合いの長さ」「好意・好感」「感謝」「信用・信頼」「応援」「人間性」……などです。私たちは、これらの要素の総称として「絆」という言葉を使っています。お客さんから好意・好感を持たれたり、信用・信頼されたり、感謝されたり、応援されたり、人間性を評価されたり、そういった状態を「絆ができている関係（絆が強い関係）」と表現しています。

そういう関係になりさえすれば、自然と笑倍繁盛になっていく。笑倍繁盛のためには、「人で選ばれること」＝「絆」が最重要である。そういう結論に至り、電器店経営者の皆さんに伝えていきました。すると全員が同意・賛同してくれました。

次に、どうすればそういう関係になれるのかについて研究していきました。最初は「よく買ってくれるお客さん」は、「絆が強いお客さん」であろうと思っていました。つまり、売上と絆が比例すると思っていました。しかし調べていくと、必ずしもそうではないことがわかってきました。

よく買ってくれているお客さんの中には絆がそれほど強くないお客さんもいて、そういうお客さんは買う商品や依頼内容によって、どこで買うか、どこに頼むかを検討していました。買う商品や条件、サービスなどによって、その都度お店を使い分けているようでした。

逆に、何年も何も買っていなくても、何か買う必要が生じたら必ずそのお店で買う、その人から買うというような、絆が強い状態のお客さんもいました。つまり、売上と絆は必ずしも比例しないということがわかってきました。

笑倍繁盛のためには「人で選ばれること」＝「絆」が重要ということは間違いないのですが、その「絆」と「売上」はどういう関係なのか、モヤモヤが残ります。そのモヤモヤの原因を探っていくと、**「顧客の定義」**に問題があることがわかりました。

## 顧客の再定義

売上・利益目的の「商売」から幸せ目的の「笑倍」へ、商売を再定義するなら、それに伴って顧客の再定義も必要になります。従来の「商売」におけるお客さんとは「お金を払ってモノやサービスを買ってくれる人」です。さらにそれは、どれだけ買ってくれるかによって呼び名が変わっていくのが一般的です。

見込客が新規客になり、リピーターになり、得意客、上得意客、ファン……、などと呼び方が変わっていきます。まるで、成長するにつれ呼び名が変わる出世魚のようです。同じ人なのに、購買金額によって呼び名が変わっていくというのは、なんとも妙な感じがします。

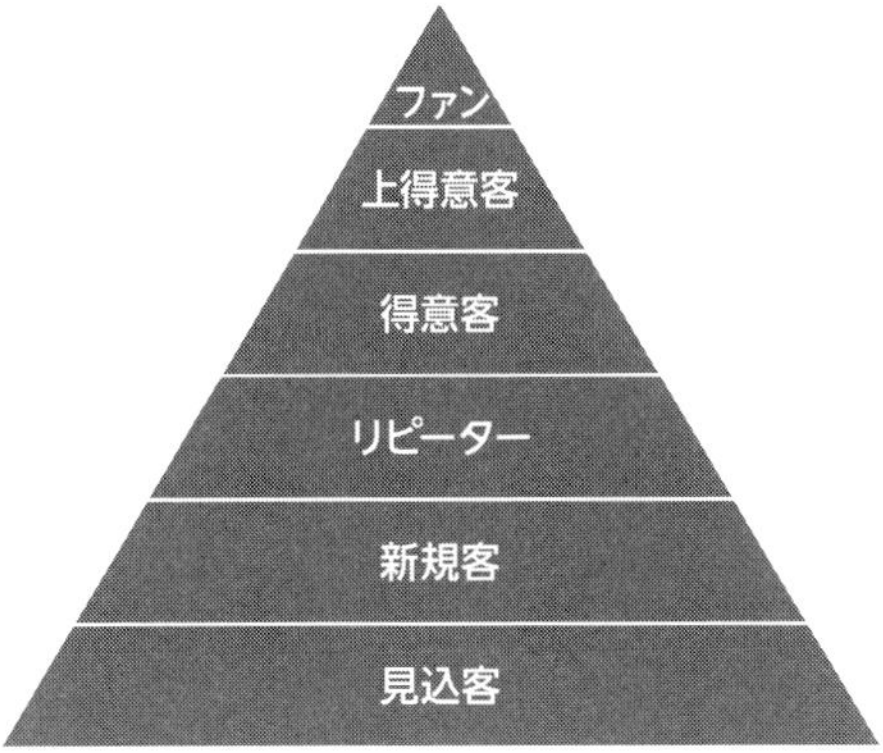


そして最も出世したお客さんを、「優良顧客」と呼んだり「ファン」や「ロイヤルカスタマー」と呼んだりします。わかりやすく、ＡＢＣで分類管理する場合もあります。

いずれにしても、そうやって購買金額や購買頻度など、買ってくれる金額や回数をもとに顧客を分類・管理して、顧客管理、顧客育成などという言葉が使われるのが、従来型の商売における「顧客」という存在です。お客さんからすると、勝手に管理されたり育成されたりする覚えはないと思うんですけどね。

私たちはそのような顧客という存在を、次のように再定義しています。

**【従来の定義】「顧客とは、モノやサービスを買ってくれる人」**

**←**

**【新しい定義】「顧客とは、モノやサービスで幸せになる人」**

新しい定義では、買ってくれるかどうかだけではなく、それによって幸せになってくれるかどうかが重要になります。そして幸せになってもらうための鍵が、売り手と買い手の関係性（絆）なのです。

絆でつながった関係の上でモノやサービスが売り買いされる時、売り手も買い手も幸せになります。そうではない関係での売り買いの場合は、買い手はモノが手に入り、売り手は売上が上がりますが、売り手と買い手の心が満たされるようなよろこびはありません。

そして、その**「絆」は売上とは比例しません。**たくさん買ってくれる人が「ファン」や「ロイヤルカスタマー」だというのは、売り手側の勝手な思い込みです。なぜ、購買金額や購買頻度という「お金の指標」で顧客を分類・管理しているのに、そこに「ファン」や「ロイヤリティ」などといった、「心の指標」をごちゃまぜにして使うのでしょうか。

売上金額が大きくても、ファンと言えるような関係でないケースもあります。逆に、あまり買ってくれていないけれど、お店やそこで働く人のことが大好きで、信頼していて、応援してくれているようなお客さんもいます。そういう人は、心の指標的には間違いなく「ファン」と呼べる存在だと思いますが、従来の顧客の定義、顧客管理上では、C客や休眠客などと分類されてしまいます。

問題は、お客さんをお金の指標だけで分類・管理することにあります。そこで私たちは、購買金額と絆の強さは比例しないという前提に立ち、また、お金の指標だけではなく、絆の指標（心の指標）も同様に重要であるという考えのもとに、お客さんとの関係性を見ていくことにしました。その考え方から確立されたのが「笑倍繁盛マトリックス」です。

これを使うと、霧がかかっていた売上と絆の関係、笑倍におけるお店とお客さんとの関係性などが、クリアに見えてきました。それをもとに実践検証していくことで、笑倍繁盛のノウハウが蓄積されていきました。

## 笑倍繁盛マトリックス

笑倍繁盛マトリックスとは、タテ軸に「購買金額（売上）や購買頻度」を置きます。従来はこれらの指標だけでお客さんを分類・管理していました。私はそれとは別に「絆」という指標をヨコ軸に置いて、お客さんとの関係性を把握するようにしました。すると、お客さんとの関係性の見え方が変わります。

タテ軸、ヨコ軸をそれぞれ2つに分けると、4つのゾーンに分かれます。ゾーンごとに解説していきます。

①まず左下は、売上が小さく絆も弱いゾーンです。ここにいるお客さんは、まだその店を利用して間もなかったり、最近はご無沙汰状態になっているお客さんです。商売的にも

**笑倍繁盛マトリックス**

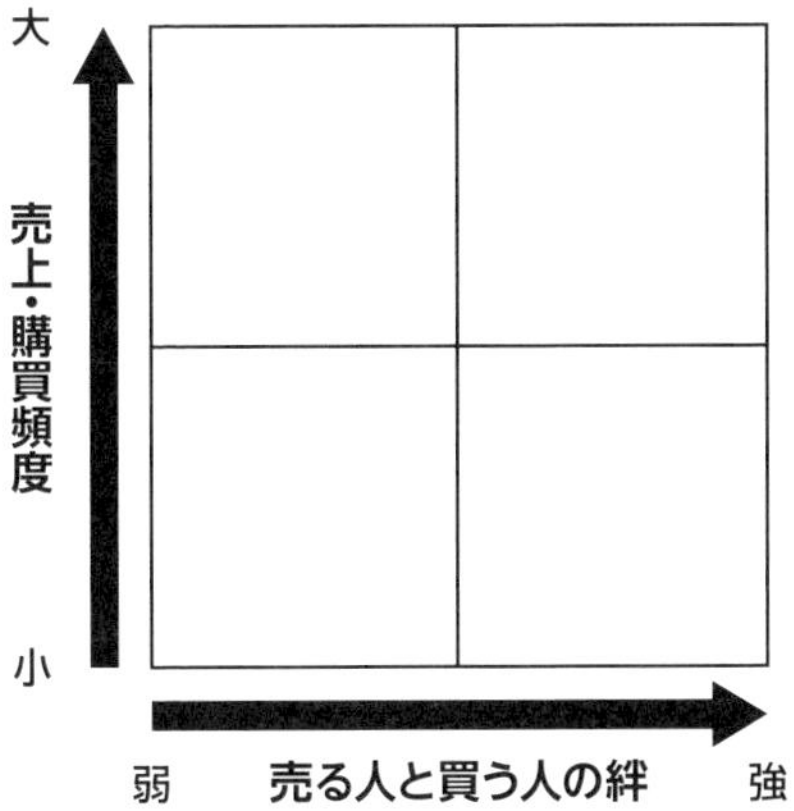


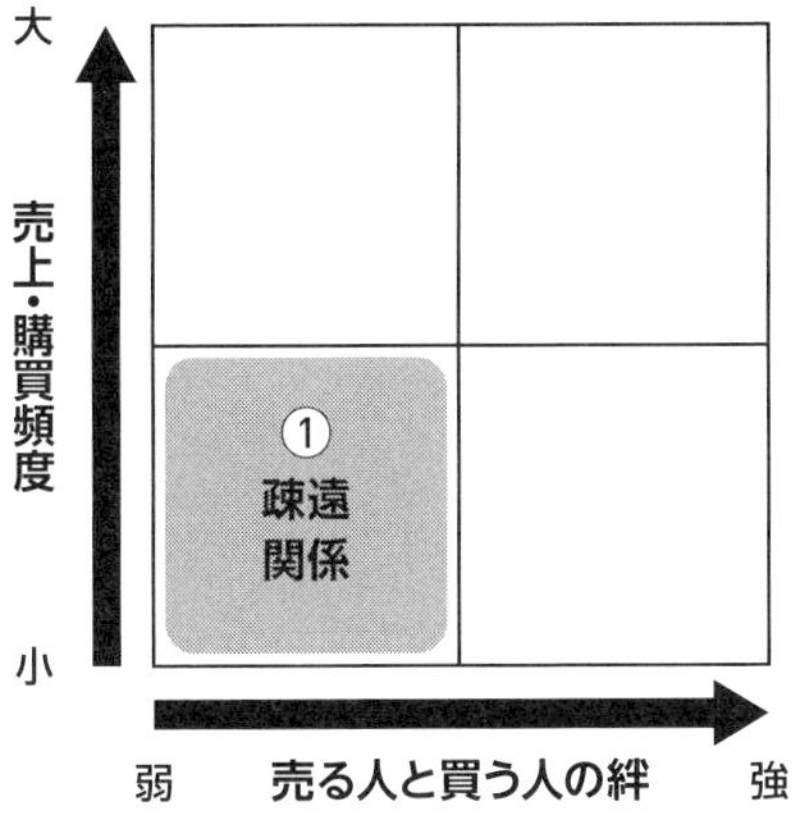

気持ち的にも離れてしまっています。商売的にも人間的にも遠い関係、疎遠な関係です。
このゾーンにお客さんが多い状態は、売上・利益目的の商売であろうと幸せ目的の笑倍であろうと、望ましくありません。

ここにいるお客さんに対しては、時間やお金をかけにくく、売上を上げるための活動も、絆を強化するための活動もなかなかできません。効果も上がりにくいです。顧客リストに残すのなら、何らかの方法で関係性を上または右に移動していく必要があります。

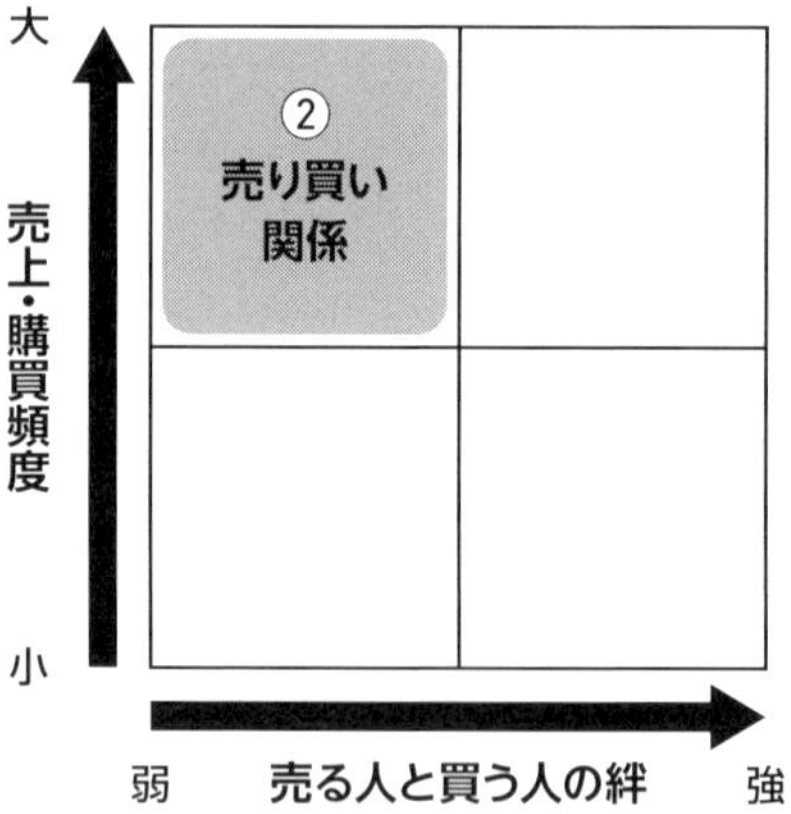


②次に、左上のゾーンを見ていきます。ここは、売上は大きいけれど絆は弱いゾーンです。今の世の中における商売の多くはこのゾーンで行われています。大型量販店で買う時も、コンビニで買う時も、ネット通販で買う時も、私たちは多くの場合、価格

や利便性でお店を選んでいて、そのお店やそこで働く人との間に「絆」があることは稀《まれ》です。でも「売り買いの関係」としては普通に成り立っています。

ここにいるお客さんは、売上という面ではいいお客さんです。出世魚的な顧客の定義においては、得意客や上得意客、優良顧客などと言われますが、心のつながり（絆）は強くありません。あくまでも「安かったから」「便利だから」という理由で選ばれている関係であり、人で選ばれている関係ではありません。

ここにいるお客さんは自分のメリットを重視するため、他店と比較検討したり、相見積もりを取ったりします。価格交渉もします。より安い価格、より早い納期、より良いサービスを求め、自分が得られるメリットを最大化しようとします。したがってお店側の利益率は低下する傾向があります。

今の売上は大きくても、もっと安いお店やもっと便利なお店、もっと都合のいいお店ができたらそっちへ移る可能性も高いので、売上を下げるリスクにもなります。売上は安定しにくくなります。売上は上がるけど、疲れる、安定しない、儲からない、このゾーンにはそんな特徴があります。

③次に、右下のゾーンを見ていきます。ここは、売上は小さいけれど絆は強いゾーンです。ここにいるお客さんは、お店やそこで働く人に対して、好意・好感や愛着・愛情を感じていたり、信用・信頼を寄せ、応援してくれたりします。でも売上にはあまり貢献していないというお客さんです。いわゆる「お友達的な関係」です。

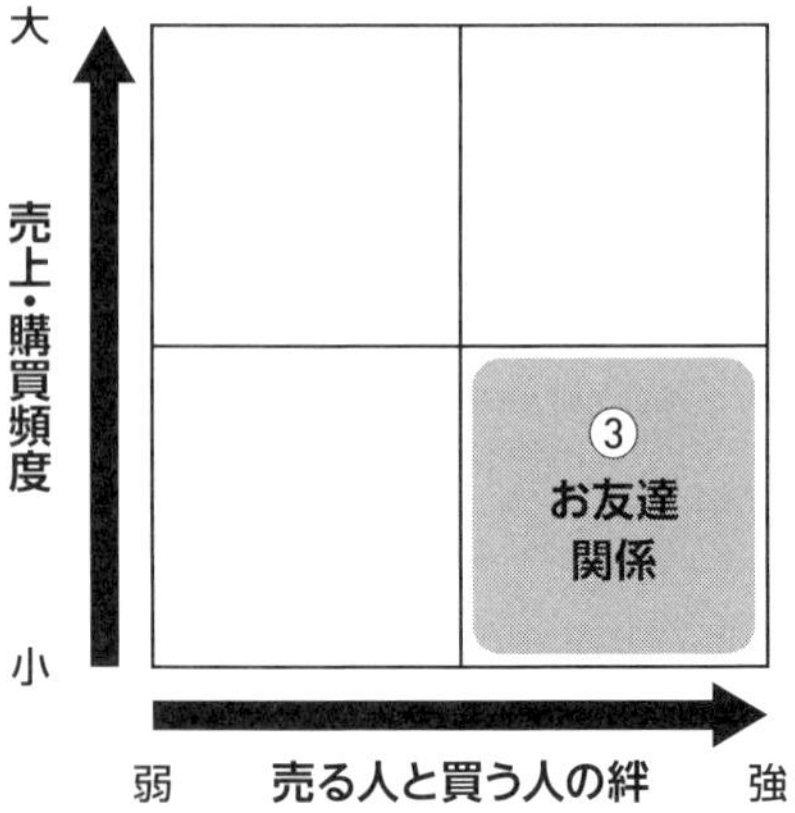


一般的な商売では、このゾーンにはあまり多くのお客さんは存在しません。売上の指標だけで顧客管理をしていると切り捨てられるからです。でも、例えばアーティストなどの場合は、このゾーンに非常に多くの「ファン」がいます。CDを買ったり、ライブに行ったりするわけではないけれど、ファンで

すという人はたくさんいます。

よく買ってくれるという理由だけでお店が勝手にお客さんのことを「ファン」と呼ぶ場合よりは、この右下のゾーンにいるお客さんのほうが本来の「ファン」という言葉の意味には近いように思われます。やはり「ファン」というのは、買ってくれるかどうかというお金の指標ではなく、「好き」とか「応援」という感情によって判断されるものだと思われるからです。

右下のゾーンにはそんなファンがいるのですが、従来の商売ではファンとは呼ばれず、C客や休眠客などと呼ばれ、リストから外されたりないがしろにされたりします。そうすると絆も弱くなっていき、ファンではなくなっていきます。それは大きな損失です。従来の顧客管理では切り捨てられがちな右下のゾーンには、お宝が眠っている可能性があります。

④最後に、右上のゾーンを見ていきます。ここは売上が大きく絆も強いゾーンです。このゾーンにいるお客さんは、店をよく利用してくれて、大きな金額を使ってくれますが、

左上のお客さんとは異なり、他店との比較、相見積もり、価格交渉などはあまりしません。商品選びなどもお店にお任せにされます。

お店側もお客さんのことをよくわかっていて、そのお客さんにとってベストな提案ができます。その際、お店が売りたいものを売るとか、お店の都合を優先するなどということはありません。それがわかっているからお客さんもお店に全幅の信頼を持って任せるのです。相互に信頼し合っているのです。

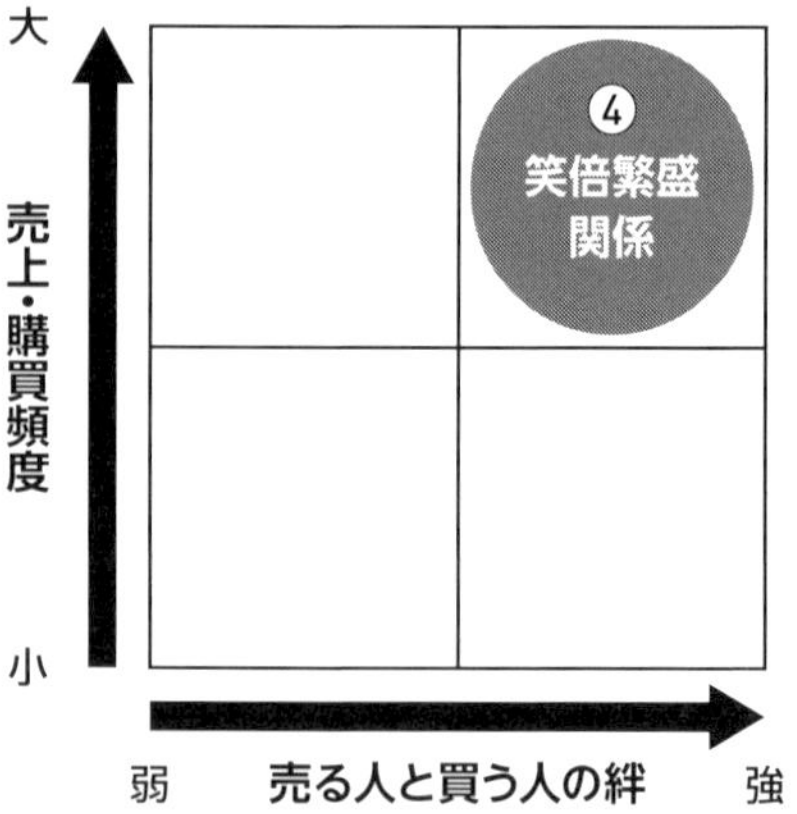


またこのゾーンのお客さんは、自分のメリットだけではなく、お店の都合やそこで働く人の幸せまで考えてくれます。「お店の利益も取れないといけない。スタッフもちゃんと休みを取って家族との時間も大切にしないといけない」などと言ってくれたりします。お店の人の幸せを考えてくれるのです。

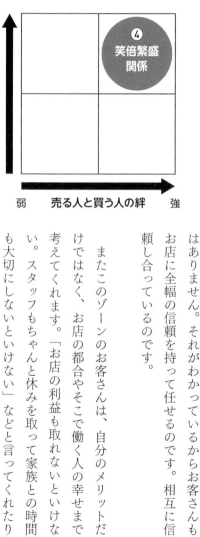

お互いが相手の「幸せ」を願い、思い合う関係で、その上で自然に売上も上がる状態です。まさに「笑倍繁盛」であり、そんな関係性なのです。そうなると、何かニーズが発生したら必ず相談が来ます。売ろうとしなくても、お客さんのほうから声がかかります。このゾーンに多くのお客さんがいてくれれば、お店の経営は非常に安定します。

このゾーンでは、お客さんから信用・信頼され、任されて、好意・好感や愛情を持たれて、感謝され、応援されます。そして自然と売上が上がり、利益も増えます。そんな理想的な「笑倍繁盛」が成立するのが、この右上のゾーンなのです。

## 右下のゾーンにお宝が眠っている

ここで、右下の「お友達関係」のゾーンにお宝が眠っているという事例を、一つご紹介します。前章でも登場した横浜市の佐藤テレビ音響社さんは、数年前に先代社長とスタッフの方が立て続けに亡くなるなど、5名体制から2名体制なった時、販売のための訪問活動をやめて、営業活動をDMに絞ることにしました。

当初は、モノを売るためのチラシやカタログをDMで送っていましたが、なかなか成果につながりませんでした。そこでヨコ軸（絆）を重視して、ニュースレターを発行しました。モノを売るためのツールではなく、絆をつくるためのツールです。

するとお客さんとの関係性に変化が生じて、営業活動をやめたにもかかわらず、売上は伸びていきました。その中で、右下のゾーンのお客さんの興味深い事例がいくつも生まれました。

ある日、5年以上何も購入されていないお客さんから電話がありました。そろそろニュースレターを送るのもやめようかと考えていたようなお客さんです。でも、訪問すると家の建て替えの相談をされ、とんとん拍子に話が進み、建て替えが決まりました。5年以上何も買っていなかったけれど、佐藤さんのお店との絆は保たれていたのです。つまり、右下のゾーンにいたのです。

別の例もあります。ある時、佐藤さんのお店に、全くの新規のお客さんから家電をいくつか買い替えたいという電話がありました。佐藤さんは電話の様子がとても親しげな感じだったのを不思議に感じながら、そのお客さんのお宅を訪問しました。訪問すると、やはりはじめてとは思えないほど親しい感じで話をされて、佐藤さんのことを最初からとても信頼して、機種などお任せでいくつもの家電品を購入してくれたそうです。

後から理由がわかりました。そのお客さんのお隣に、佐藤さんのお客さんのお宅があって、そのお客さんに送っていたはずのニュースレターが、配送会社のミスでお隣のお宅に届けられていたらしいのです。つまり、全く買ったことがないお店から、お客さん向けのニュースレターがずっと届けられていたことになります。

しかし、そのお客さんがそれを見ているうちに佐藤さんのお店との間に絆が生まれ、だんだんと強くなっていったのでしょう。家電を買い替えるニーズが生じた時に、佐藤さんのお店に真っ先に電話をして、最初から親しげに話をされ、信頼され、いくつもの家電製品を購入してくれたのです。

このように右下のゾーンのお客さんは、全然買ってくれていなくても絆でつながっていて、何かニーズが発生した時には大きな買い物をしてくれます。店を信用・信頼して任せてくれます。友達を紹介してくれることも多いのです。右下のゾーンにはそのような大切なお客さんがいるのですが、従来の顧客管理のセオリーでは切り捨ててしまいやすいので注意が必要です。ここは**隠れたお宝ゾーン**なのです。

## 売上が先か、絆が先か

笑倍繁盛マトリックスによって、お客さんとの関係性がクリアに見えるようになりました。マトリックスの右上の「笑倍繁盛関係」になれば、非常に理想的な状態になります。では、どうすれば右上のゾーンの関係になれるのでしょうか？

笑倍繁盛ゾーンの条件は2つです。

- **売上が大きいこと**
- **絆が強いこと**

ここで一つ、大きな問いが生じます。「売上が先か？　絆が先か？」という問いです。笑倍繁盛マトリックスで言うなら、まず上に行くことを優先するべきなのか、それとも右に進むことを優先するべきなのか、という問いです。

一般的には、まずは何か買ってもらって顧客になってもらい、そのお客さんに対して絆をつくっていくという考え方が常識的です。だから、まずは上に行こうとするのが普通の考え方です。でも、上に行くためには何かを売る必要があり、そのための活動をするというのは、従来の売上・利益第一の商売になります。そういう商売は敬遠されます。

**笑倍繁盛の定義は「売る人も買う人も笑顔で自然に繁盛すること」**です。自然に繁盛するためには、マトリックスの右側の関係になることが鍵となります。そう考えると、まずは絆をつくること、つまり、信用・信頼、好意・好感、愛着・愛情、応援……などの気持ちでつながる関係性になることが先だと言えます。

そう言うと、売上も上がっていないのに、絆をつくるための活動はできないという声が上がります。しかし、その考え方自体が売上・利益ファーストの商売につながり、売れない理由になります。一度その思考パターンから離れる必要があります。

そこで私は、「ヨコ軸ファースト」を提唱し、その実践研究を行ってきました。すると、いろいろなことがわかってきました。

## 「商売の世界」と「笑倍の世界」

わかったことは、笑倍繁盛マトリックスの左側半分では従来どおりの「商売」が行われ、右側に移動すると「笑倍」が行われるということです。

左側では、顧客が「自分のため」にお店を選び交渉するので、売り手と買い手は利害が対立し、駆け引きが行われます。腹を探り合い、時にはだまし合いのようなことも行われます。双方とも精神的に消耗し、疲れます。

そんな世界なので、左側の商売は人と人の接触を減らす方向に進化していきます。価格や利便性、合理性を追求し、システム化が進みます。今後ＩＴやＡＩなどのさらなる進化によって、より一層の無人化・無店舗化などが進むでしょう。そのため、規模が大きい企業が有利な世界です。

一方、右側では、売り手と買い手がお互いに相手を想い合う関係で「笑倍」が行われるため、交渉や駆け引きは行われません。人間同士が心を通わせなければできない関係なので、システム化はできず、大型店やネットの店よりも街の小さなお店が有利な世界です。

そこでは、売り手が何かを売ろうとしなくても、買い手のほうから買いに来てくれます。その店で買うこと（その人から買うこと）がよろこびなので、よろこんで買いに来てくれます。前述したとおり、他店比較、相見積もり、価格交渉などはありません。お互いに相手を思いやり、信頼し合い、相思相愛の関係のもとで、お互いが幸福感に満たされながら、モノやサービスの売り買いがなされます。

左側の「商売」の世界では、仕事はストレスに満ちていて、心身ともに消耗するのに対して、右側の「笑倍」の世界では、仕事はよろこびに満ちていて、心身ともに充実します。そういう関係になれば、売ろうとしなくても自然に売上が上がります。今の時代は、そういう「笑倍」をしてくれるお店がお客さんから支持され、応援される傾向が強まっています。

左側で行われる「商売」は、下りのエスカレーターを逆走して、上の階にいるお客さんのところに向かっていくイメージですが、右側で行われる「笑倍」は、お客さんが上りのエスカレーターに乗って、向こうからやってくるイメージです。本当に別世界なのです。

# 笑倍繁盛マトリックス　実例データ

以前、セミナーに参加された街の電器屋さんの皆さんにご協力いただいてつくった、店舗別の笑倍繁盛マトリックスのデータをいくつかご紹介します。この時のヨコ軸は、実際にお客さんにお会いするお店のスタッフの方に、いくつかの質問に答えてもらってスコア化しました。

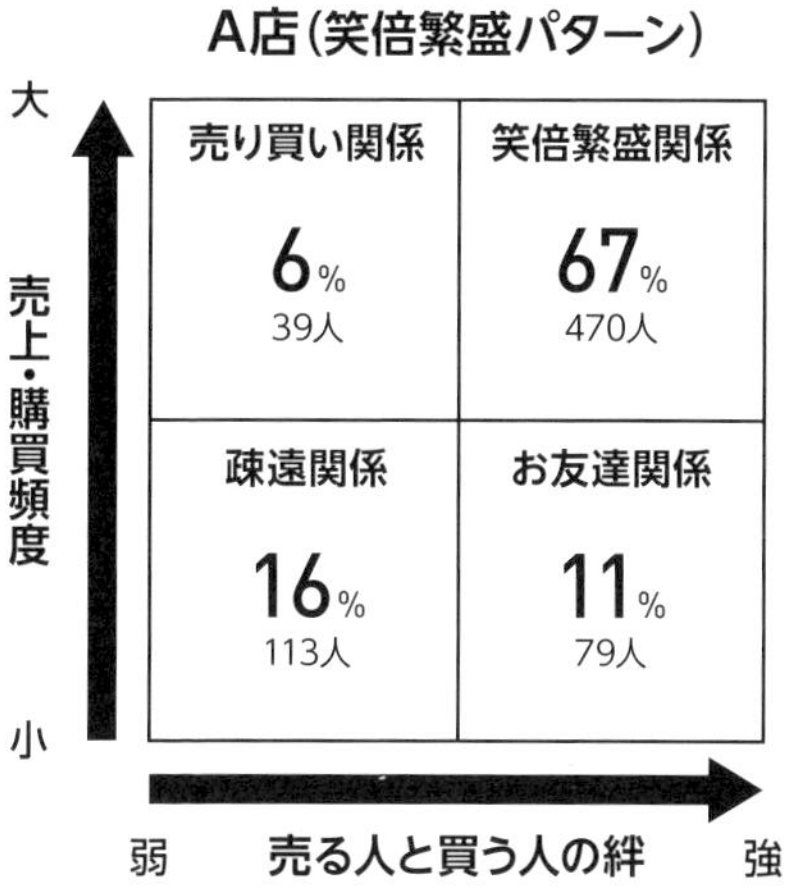


Ａ店では、総顧客数７０１人のうちの４７０人、実に67％が右上のゾーン（笑倍繁盛関係）に入っていました。このお店は現在、お客さんの3分の2が、よく買ってくれるし絆も強い状態ということです。商売（笑倍）がスムーズにいっていることが推測されます。これまでの経営の結果、多くのお客さんと右上の関係を構築できているのは、素晴らしい

ことです。ただ、お客さんの高齢化が進んでいるため、新しい顧客をつくり、右上のゾーンに新たなお客さんが入ってくるような流れをつくることが課題だということが見えてきました。

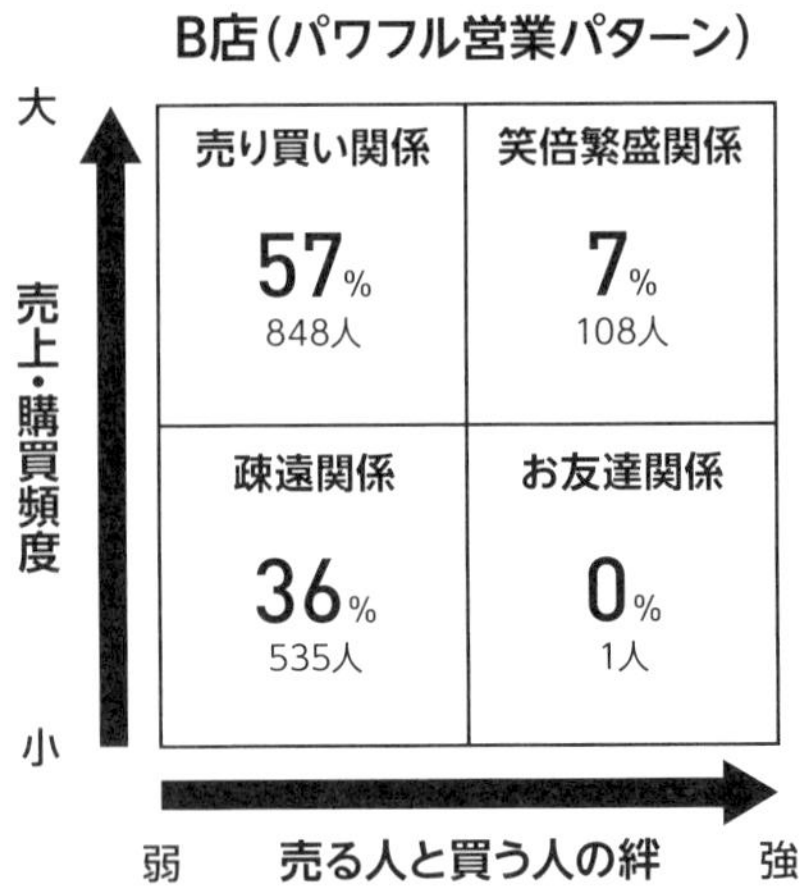


B店では、1492人のうちの9割以上のお客さんが左側にいました。左上のゾーンに57%いるので業績は悪くないでしょう。しかしこの売上は、営業努力でがんばってつくっている売上です。右下のお友達関係は0%という点を見ても、このお店は「絆より売上」「とにかく売ってこい」というパワフルな営業スタイルで経営されていることがわかります。右側の世界は見えていないかもしれません。目先の売上は上がっていても、売り込みばかりでお客さんにはウンザリされているかもしれません。

C店（絆重視パターン）

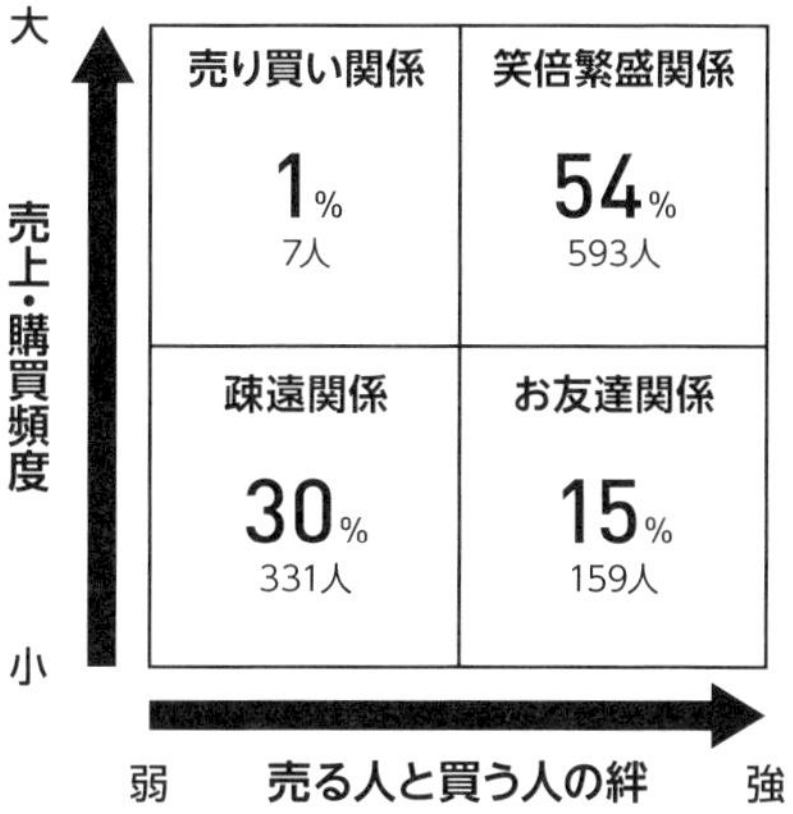


逆に、C店は１０９０人のうち左上のゾーンに１%しかいません。絆ができていないお客さんにはあまり売っていないようです。７割近くのお客さんは右側にいて、右下のゾーンにも15%いるということは、売上をつくる前に絆をつくる活動にも力を入れられていることがわかります。絆重視の経営スタイルと言えそうです。

このように**笑倍繁盛マトリックスは、店による違いが大きく表れます。**このマトリックスで分析すると、単に売上だけでは見えてこなかった現状が見えてきます。

## 大切なものは目に見えない

「心で見なくちゃ、ものごとはよく見えない」
「かんじんなことは、目に見えないんだ」

サン＝テグジュペリ『星の王子様』の有名なセリフです。笑倍繁盛研究を進めていくと、まさにこのセリフが真実だと痛感します。「商売」にとって大切なものは何か？　と問えば、売上・利益・商品などといったものが思い浮かびます。しかし、幸せ第一の「笑倍」にとって最も大切なものは何か？　という問いになると、答えは変わってきます。それは、売上でも利益でも商品でもありません。

それは、幸せであり、そのために大切になるお客さんとの間の信用・信頼、好意・好感、愛着・愛情、応援などです。どれも、目には見ません。数字でも表せません。

## 「大切なものは目に見えない」

まさにそのとおりなのです。笑倍繁盛の考え方を伝える時は、絆、信用・信頼、好意・好感、愛着・愛情などといった、目に見えない抽象的な言葉を多く使うため、なかなか理解されにくくて苦労することが多いのですが、ビジネス＝売上・利益、ビジネス＝数字という従来の常識からすれば、理解されないのが普通だと思います。

でも、目に見えない信用・信頼、好意・好感、愛着・愛情などの想い、つまり「絆」は間違いなく存在し、それは間違いなくお客さんの気持ちや行動に影響を与え、結果的に数字に大きな影響を与えます。それを「ヨコ軸」として目に見えやすいような形にしたのが、笑倍繁盛マトリックスです。ヨコ軸（絆）は目に見えませんが間違いなく存在し、間違いなく大切なのです。

## どうすれば「笑倍の世界」へ行けるのか

ここまで、笑倍繁盛マトリックスの考え方をお伝えし、4つのゾーン、そして左側（商売）の世界と、右側（笑倍）の世界の違いについてお伝えしてきました。いかに右側の世界、笑倍の世界が素晴らしいか、おわかりいただけたでしょうか。

では、どうすれば右側の「笑倍の世界」へ行けるのでしょうか？

ここで、もし「顧客を右側に動かす」といった言い方をしたら、きっと右側には行けません。「顧客を育てる」「顧客を動かす」といった、人を操作するような考え方は、右側の世界では相容れないものです。お客さんを右側に動かすのではなく、お客さんとの関係性を右側に移動させるのです。

お互いのことを理解し合い、信頼し合い、好意・好感や愛着・愛情を持ち合うような関係性になるということです。まさに「相思相愛」状態です。そのような関係になるためには、まずは売り手がお客さんを信用・信頼し、好意・好感を寄せ、愛着・愛情を抱くような心の状態である必要があります。同様にお客さんも、売り手を信用・信頼し、好意・好感を寄せ、愛着・愛情を感じるような心の状態である必要があります。

お客さんを「育てる」とか「動かす」などの言い方をしていたら右側に行けないという意味がおわかりいただけるでしょうか。そんな言葉を使うようなお店（人）に対して、お客さんが好意・好感や愛着・愛情を抱くわけがありません。

右側に行けるかどうかを決めるのは両者の心の状態です。では、先にどちらの心がそのような状態になればよいのでしょうか。言うまでもなく、コントロールできるのは自分の心だけです。先にお客さんの心を右側に動かすなどということはあり得ません。

したがって、**まずは自らの心の状態を右側モードにする**ことです。そのモードでお客さんと会ったり、電話で話したり、ＳＮＳでコミュニケーションをとったり、チラシやニュースレターをつくったり、イベントを行ったりしていくと、いつしかお客さんの心も右側モードになります。新規のお客さんも、そういうモードでやってきます。

その時にはじめて、そのお客さんとの関係が相思相愛となり、そこに確かな絆ができるのです。そうなると、そのお客さんとの間で行われるのは「商売」ではなくなり、「笑倍」になります。こうしてめでたく、右側（笑倍）の世界へ行けるのです。

## 「鏡の法則」が作用する

最後に、右側（笑倍）の世界へ行くための究極の方法を述べて、本章を終えたいと思います。

「鏡の法則」をご存じでしょうか。

「自分を取り巻く現実は、自分の心を映し出したものである」という、人生の法則として語られる言葉です。人間関係においても「相手は自分の映し鏡」とか「子は親の鏡」などと言われます。

この「鏡の法則」は、売り手と買い手の間にも明らかに働きます。

よく、チラシなどで低価格を訴求すれば、安さを求めるお客さんが集まると言われます。「最近のお客さんは値段のことばかり重視する」という場合、その現実はお店の姿勢や行動が鏡になって映し出されたものだと言えます。それと同じように、左側（商売）の世界と、右側（笑倍）の世界でも、「鏡の法則」が作用します。

お店側が売上・利益目的の商売モードなら、お客さんも商売モードになります。例えば、お客さんのことを「ターゲット」と呼び売り込む相手と考えていたら、お客さんは近づきたくないと感じて、避けよう、逃げようと考えます。商談の時にも、なるべく売り込まれないように壁をつくり、買うとなったらできるだけ安くなるように交渉します。お店側が売上・利益ファーストなら、お客さんも自分の利益ファーストになるのです。まさに鏡の法則です。

逆に、お店が右側（幸せ目的の笑倍）モードになり、お客さんの幸せを第一に考え、どうすればお客さんによろこんでもらえるか、笑顔になってもらえるか、守ってあげられるか……などと考えて、それを行動に移していくと、お客さんも右側モードになっていきます。どうすればそのお店の人たちがよろこんでくれるか、笑顔になるか、お店の役に立てるかなどと考えてくれて、行動してくれるようになります。

例えば、第1章でご紹介した静岡県焼津市のサカモト電器の坂本さんは、本来お客さんに対する愛情や思いやりが強い方ですが、業績が落ち込んで切羽詰まっていた時は、「がんばって売らなければ」という思いでお客さんと会っていました。まさに商売モードで会っていたわけです。するとお客さんも商売モードになり、売り込まれないように予防線を張って、深入りされないように表面的な関係をつくります。

しかし、坂本さんが「笑倍モード」にシフトすると状況が一変しました。創業40周年のイベントは、売上を上げようという意識をゼロにして、純粋な笑倍モードで行いました。すると、商売モードの坂本さんを避けていたお客さんが心を開き、想いに応えてくれました。

熱いメッセージを書いてくれたり、お花を届けてくれたりしました。何でも話してくれるようになり、「さかもっちゃん」と呼んでくれるようになりました。モノとお金を交換する関係から、心と心を通わせる関係、お互いに相手を想い合う関係に変わりました。そしてお互いに笑顔で、自然と繁盛するようになりました。

**売ろうとしたら、売り買いの関係になる。**
**相手を幸せにしようとしたら、お互いを想い合う関係になる。**

まさに「鏡の法則」なのです。

# 第3章

# 笑倍繁盛は「WHY」から始まる

## ——商売が笑倍に変わるスイッチ

第2章では、「笑倍繁盛」を実現するタテ軸とヨコ軸の考え方「笑倍繁盛マトリックス」についてお伝えしました。本章では、多くのお客さんとの関係が「笑倍繁盛関係」になり、売る人も買う人も笑顔で自然に繁盛するようになるために、最も重要なポイントをお伝えします。

## 「商売」が「笑倍」に変わるスイッチ

笑倍繁盛マトリックスのタテ軸は、売上によって上下するのでわかりやすいです。一方でヨコ軸は、目に見えず、数値化もできず、わかりにくいです。因果関係も証明できません。どうしても抽象的な話になり、「結局、何をすればいいの？」と、具体策に落とし込みにくいものです。

私は、そんな捉えにくい「ヨコ軸」について、さんざん研究してきました。ヨコ軸は、信用・信頼、好意・好感、愛着・愛情、感謝などの感情や心の状態によって右に行ったり左に行ったりします。具体的には、何も接触しなければ徐々に左へ移動し、接触してプラスの感情が生まれれば右へ移動します。

そんなことを探求していく中で、私はあることを発見しました。お客さんとの接点を通じて、これさえ得られればマトリックスの右側へ瞬間移動するという、まさに「商売」が「笑倍」に変わるスイッチのような二文字を発見したのです。

それは、**「共感」**です。

お店側が想いを発信して、お客さんがそれに共感した時、両者の関係は瞬時に右側（笑倍）の関係になります。共感は、右側へ移動するスイッチなのです。

しかも、「共感」したお客さんは、タテ軸の成果につながりやすい感情である「応援」という感情を抱きやすくなります。応援モードになったお客さんは、そのお店（人）の役に立ちたくなり、貢献したくなります。よく買ってくれるのはもちろんのこと、友達を紹介してくれたり、お店が何か困っていたら助けてくれたりもします。お客さんが応援モードになってくれたら、右上の笑倍繁盛関係に一気に近づくのです。理想的な関係になるのです。

**共感を得る者は笑倍繁盛を得る**、と言っても過言ではありません。

では、その「共感」を得るにはどうすればよいのでしょうか？

## 「顧客ファースト」から「自分ファースト」へ

「共感」を得るためには、また一つ商売の常識を破る必要があります。それは「お客さん第一」という常識です。お客さんから共感を得て、笑倍繁盛への道を歩むためには、「顧客ファースト」から「自分ファースト」へ、という常識転換が必要になるのです。

従来の「商売」では、まずはお客さんのニーズを探り、それに合ったモノやサービスを販売します。買ってもらうためにお客さん第一でサービスします。そのような「お客さん第一」の考え方は商売の世界の常識ですが、それでは「共感」は得られません。

当然ですが、共感してもらうには売り手側が何かを発信する必要があります。何かを発信して、お客さんがそれを見たり聞いたりした時に、それに対して共感するのです。つまり共感を得るには、お客さんが共感してしまう「何か」、応援したくなるような「何か」を伝える必要があります。

その「何か」とは何でしょうか？

**私たちがたどり着いた答えは「WHY」でした。**

「WHY」とは、なぜその仕事をやっているのか、何のためにやっているのか、なぜそのようなやり方なのか、なぜその商品なのか、なぜそこにこだわるのかなど、「なぜ」「何のために」に関する情報です。

これまで、笑倍繁盛をめざして様々な実践をしてきましたが、「WHY」を発信して、それに共感された時に、状況が劇的に変わっていくという事例を多々見てきました。まさに、スイッチが入ったように変わるのです。

「WHY」を発信する
↓
「WHY」に共感される
↓
応援される

このように非常にシンプルな流れで、短時間で関係性が右側に移動し、お客さんがお店を応援してくれるようになります。

大事なことは、お店がお客さんに合わせて何かを発信しているわけではない点です。お客さんが求めていることを考えて発信しても、共感は得られません。「WHY」とは、売り手側の心の奥深くにある想いです。それに対してお客さんが共感するのです。だから、「顧客ファースト」ではなく「自分ファースト」なのです。

## 伝えるべき4つの情報

笑倍繁盛のために売り手が買い手に伝えるべき情報は4種類あります。
それは、「WHAT」「HOW」「WHO」「WHY」の4つです。

「WHAT」は、何を売っているのか、何を提供しているのかという情報。通常は、電器屋、洋服屋、花屋、美容院、住宅会社、レストラン、カフェ、スーパー、ホームセンターなど。一般的には「業種」＝「WHAT」です。そこで何を売っているのか、何が買えるのか、その店は何ができるのか、という情報です。

売っている商品やサービスが世の中に不足している時、求められている時は、「この街の電器屋です」「この街の美容院です」と、業種（ＷＨＡＴの情報）を伝えるだけでも、その看板を掲げるだけでも、お客さんはやってきました。しかし、モノもお店もあふれる今の時代は、それではやっていけません。

「ＨＯＷ」は、どんな店・会社なのか、どんな特徴があり、どんな強みがあるのかという情報です。価格が安い、スピードが速い、品揃えが良い、技術力がある、サービスが良いなど、差別化につながり、他社ではなくそのお店や会社を選ぶべき理由にもなる情報です。ほとんどのモノが行きわたり、モノ余り、オーバーストアなどと言われる今の時代は、ＨＯＷの情報が重要だと言われます。

「ＷＨＯ」は、「人」に関する情報です。名前や年齢、出身地、家族構成、誕生日、血液型、趣味、特技、好きなこと（もの）、きらいなこと（もの）などの情報です。どんな人がやっているのか、働いているのかという情報です。

「ＷＨＯ」はモノとお金を交換するだけの商売においては、別になくても構わない情報です。売り手がどんな人であろうと、必要なモノが買えれば関係ないからです。しかし、笑倍繁盛の鍵は「人」で選ばれることです。人で選ばれるためには、人に関する情報は必要不可欠であり、極めて重要になります。

時々、名刺に自己紹介（個人的な趣味や特技、家族や好きなことなどの情報）を載せている人がいます。あるいは、プライベートな日常をニュースレターなどで発信している人もいます。左側（商売）の世界しか見えていない人には、なぜそんなことをするのか理解できません。しかしそのような取り組みは間違いなく効果があります。

人に関する情報によって、売り手と買い手の関係性に変化が生じ、笑倍繁盛マトリックス上で関係性が右へ移動します。そして右側に移動すればするほど、人で選ばれやすくなり、結果としてタテ軸の成果（売上）も上がりやすくなります。「ニュースレターで個人的なことを書くといい」というのはよく聞くノウハウですが、それにはそういう道理があるのです。

最後に「WHY」です。「なぜ」「何のために」という、理由に関する情報です。何のために存在するのかという会社の存在意義や、なぜその仕事をするのかという働く目的です。「WHO」の情報の一部とも言えます。その人が何を考えて、何を思って、どんな目的意識でその仕事をやっているのかという、人の中の最も深いところにある情報とも言えます。

名刺やニュースレターなどに自己紹介を載せている人でも、なかなか「WHY」に関する情報までは載せていません。しかしこの**「WHY」こそが、右側**（笑倍）**の世界においては最も重要な情報**です。共感され、応援されるようになり、右上の笑倍繁盛関係になるための「鍵」なのです。

## ある動画との出合い

私が「WHY」の重要性を知ったのは、とある動画でした。その動画とは、サイモン・

シネックさんの「優れたリーダーはどうやって行動を促すか」というTEDのスピーチ動画です。再生回数が5000万回を超えている超有名動画なので、ご覧になったことがある方も多いかもしれません（https://www.ted.com/talks/simon_sinek_how_great_leaders_inspire_action?utm_source=tedcomshare&utm_medium=email&utm_campaign=tedspread）。

私は笑倍繁盛の研究に邁進《まいしん》していた時にこの動画をはじめて見ました。そして私自身が動画の内容に感銘し共感したのと同時に、この内容を街の電器屋さんにお伝えしたい、伝えなければならないと強く感じました。そして、街の電器屋さん向けにアレンジしてセミナーなどで伝えていったところ、大反響となりました。それから、笑倍繁盛へ向けた実践が加速して、成果がどんどん出るようになっていくターニングポイントになりました。

この話をセミナーでお伝えすると、多くの方の目の色が変わります。姿勢が前のめりになり、目ヂカラが増し、雰囲気が変わります。理屈ではなく本能的に、何かを感じられる方がとても多いのです。そして実際、それを実践していくと、お客さんが変わり、応援されるようになり、自然に売れるようになっていきます。

笑倍繁盛のためにいろいろな仮説と検証をしてきましたが、「WHY」はまさに笑倍繁盛のための最も重要な鍵でした。一つの動画との出合いと、電器屋さんの皆さんの反応が、その鍵のありかに気づかせてくれました。

ここではその動画の内容を、私なりの解釈を加えて、いつも電器店経営者の皆さんにお伝えしているような例え話も交えてご紹介します。また、それをどのように実践に移しているかもお伝えしていきます。

## 人は「WHY」に動かされる

その動画は、ゴールデンサークルという同心円状の3つの円から始まります。一番小さい円（中心の円）に「WHY」、その外側の円に「HOW」、一番外側の円に「WHAT」と書き込みます。

サイモン・シネック「優れたリーダーはどうやって行動を促すか」より

人は、自分が何をやっているか、何を売っているか、「WHAT」については誰もが理解しています。そして、そこから伝えます。電器屋さんの場合は、「街の電器屋をやっています」とか「リフォームもやっています」「これが今一番おススメの洗濯機です」という感じです。

ただ、それだけでは他社との違いも何もないので、「HOW」の情報を伝えます。「電話一本で飛んで行きます」とか「アフターサービス万全です」、また、この洗濯機は洗剤を自動投入してくれるとか、ふんわり乾燥できる、除菌もできる、電気代が安いなど……、そういった情報です。

私たちはこのように、「WHAT」から伝えて、その後に「ＨＯＷ」を伝えます。それで人を動かそう（買ってもらおう）とします。しかし、ほとんど動いてもらえません。

一方、多くの人を動かすような優れたリーダーは、全く逆の伝え方をします。動画ではマーティン・ルーサー・キング牧師やライト兄弟、スティーブ・ジョブズなどの事例が語られます。ここではスティーブ・ジョブスの部分を抜粋して、引用します。

**もしアップルが他の会社と同じだったら、こんなCMをつくるでしょう。**

**「我々のコンピュータは素晴らしく、美しいデザインで、簡単に使えて、ユーザフレンドリーです。一ついかがですか？」**

**と。誰も買いません。**

**でも我々のほとんどはこんなふうに伝えています。**

マーケティングや営業もそう、我々の対話のほとんどが、そのように行われます。何をしていて、他とどう違って、どう優れているかを述べて、相手に購入や投票などの行動を期待します。

これでは心を動かされません。
実際アップルは以下のように伝えました。

「我々のやることはすべて、世界を変えるという信念で行っています。他とは違う考え方に価値があると信じています。私たちが世界を変える手段は、美しくデザインされ、簡単に使えて、親しみやすい製品です。こうして素晴らしいコンピュータができあがりました」

全然違うでしょう？　買いたくなりますよね？

優れたリーダーはこのように、まず「WHY」から伝えて、その後に「HOW」や「W

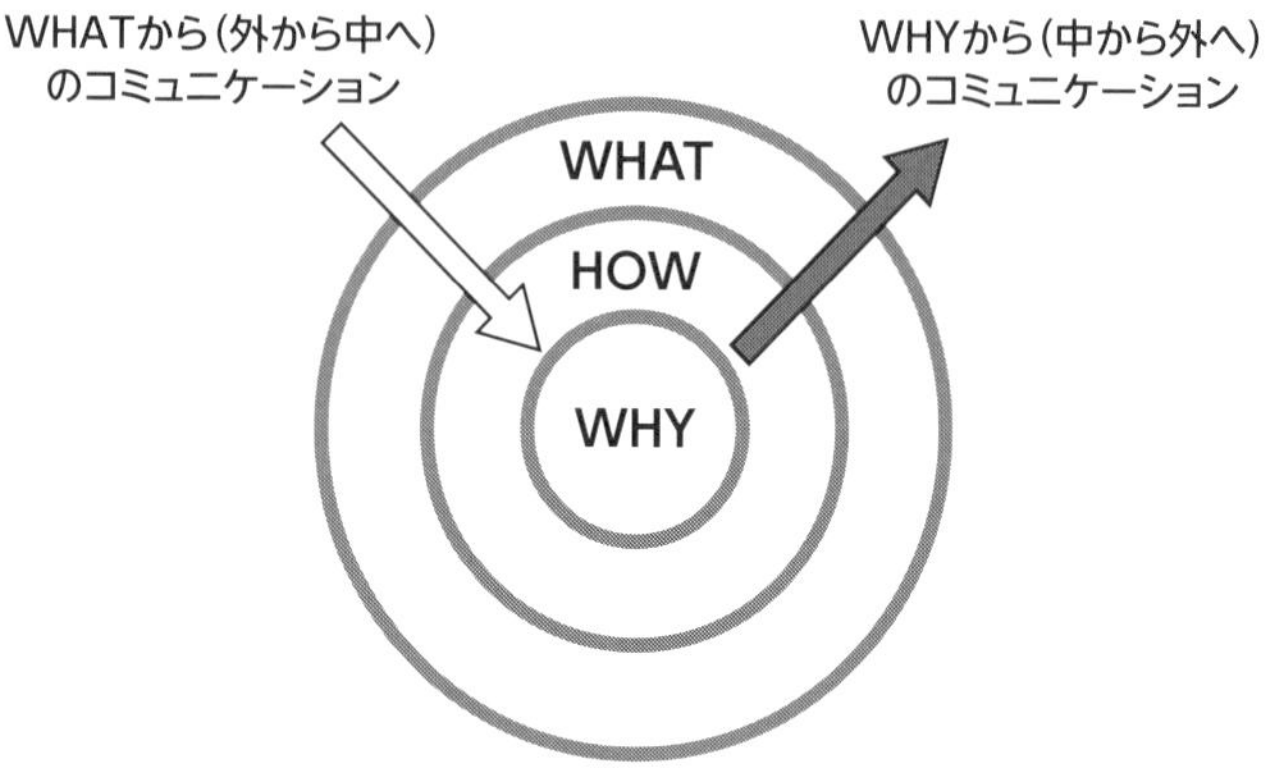


**人は"WHAT"ではなく"WHY（なぜ）"に動かされる**

ＨＡＴ」を伝えて、多くの人を動かしたと言います。これを街の電器屋さんには、次のようにお伝えしています。

「○○町にある電器屋です。リフォームもやっています。電話一本いただければ飛んで行きます。アフターサービスも万全です。何かあったらお電話ください」

　ごく一般的な、店の紹介の仕方です。まさに「ＷＨＡＴ」から始まり、外から中への発信です。私たちはそれを、まず「ＷＨＹ」から伝える、中から外への発信に変えました。

「地元を笑顔あふれる街にしたい」

「モノを売りたいんじゃない、心豊かな人生のお役に立ちたい」
「すべてはみんなの笑顔のために」
「この街のお助け隊」
「暮らしを守り、楽しいをつくる」

このように、最初に「WHY」を伝えるようにしました。

それから、「電話一本で飛んで行きます」「売りっぱなしにはしません」「真心込めてアフターサービスをさせていただきます」などと「HOW」を伝え、「電気に関することはもちろん、水回りのトラブルや家の修繕、住宅リフォームまでやっています」などといった「WHAT」情報を伝えています。

すると、その情報を受け取った方の反応が明らかに変わります。動画の中では、次のメッセージが繰り返し語られます。

## 「人はWHATではなく、WHYに動かされるのです」

私たちは、この話を電器屋さんの皆さんと共有し、実行に移してきました。その結果わかったことは、この動画の中で語られていることは、間違いなく真実だということです。やればやるほど、それが証明されていきました。「WHY」の恐るべきパワーを痛感させられました。

動画の受け売りではなく、多くの現場実践によって証明された事実として、断言します。

**「人は本当に、WHATではなくWHYに動かされます」**

## 人はなぜ、「WHY」に動かされるのか

動画の中ではさらに、人が「WHY」に動かされる理由についても詳しく語られています。それは心理学的な理由ではなく、生物学的な理由だと語られています。人が「WH

Y」に動かされるのは、脳の構造と関係しているそうです。以下、動画から該当部分を文字起こしして引用します。

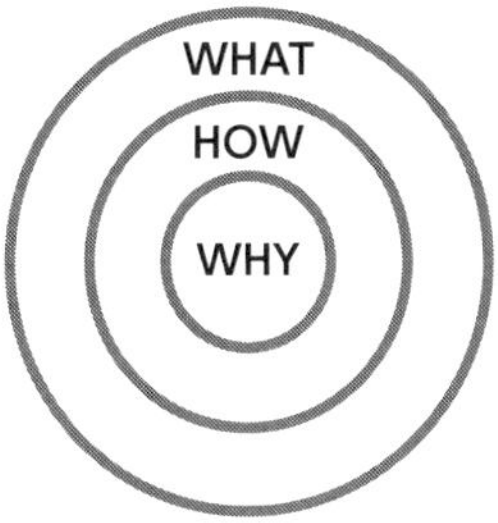


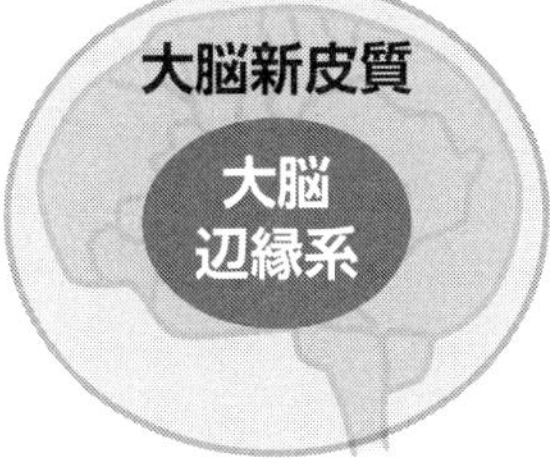


ヒトの脳の断面を上から見ると、脳は3つの主要な部位に分かれているのがわかります。それはゴールデンサークルと対応しています。一番新しいホモサピエンスの脳は大脳新皮質であり、「WHAT」に対応します。新皮質は合理的・分析的な思考と言語とを司ります。内側の2つ（HOW・WHY）は大脳辺縁系に対応し、これは感情、信頼、忠誠心などを司ります。またヒトの行動を司り、すべての意思決定を行いますが、言語能力はありません。

言い換えれば、WHATから始まるコミュニケーションを行っている時、確かに大量の複雑な情報を理解できます。機能やメリットや事実や数値などです。しかし行動につながりません。ＷＨＹから始まるコミュニケーションを行っている時、行動を制御する脳の部分と直接コミュニケーションすることができます。言葉や行為によって理由付けは後からすることができます。直感的な決定はここで行われます。

個人的に、この動画のクライマックスはこの部分だと思っています。感情や行動を司り、すべての意思決定を行っているのは、脳の「大脳辺縁系」という部分であり、そこが「ＷＨＹ」に対応しているというのです。

私は数多くの電器屋さんの「ＷＨＹを発信する実践」をサポートしてきました。するとお客さんが劇的に変化していく事例が続出しました。だから、この説明が本当に腑に落ちます。

「ＷＨＹ」が伝わってそれに共感された時、共感した人はお店を応援してくれるようになります。仕事の依頼を注文してくれます。イベントにも来てくれます。紹介もしてくれます。そのような行動をしてくれるようになります。

それは本人が意識して（大脳新皮質で考えて）やっているのではなく、「ＷＨＹ」を担当する大脳辺縁系が意思決定して、行動の指令を出していると考えると非常に納得がいきます。

街の電器屋さんを利用されている人に、「なぜこの店を利用しているのですか？」と質問した時、「以前から利用しているから」とか「社長が好きだから」といった、論理的とは思えない答えが返ってくるのも、行動を司り言語を使えない大脳辺縁系が意思決定していると考えると、妙に納得できます。

お客さんが別人のようにいい人になって、何かあったらすぐそのお店に相談してくれて、他店との比較や価格交渉をせずにお任せで仕事を依頼されるのも、すべて大脳辺縁系が決定して行動を指令しているのでしょう。そう考えると、実践した現場で起こる様々な変化に対し、すべて納得のいく説明ができるようになるのです。

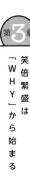

# 4種類の「絆」

私たちは当初、信用・信頼、好意・好感、愛着・愛情などの気持ちでつながる関係を「絆」という言葉で表現して、絆を強くする活動を行ってきました。そもそも、街の電器屋さんとお客さんの絆は、他の多くの業種や業態の商売と比べると、かなり強いほうだと思います。私はそれに魅了されて研究を始めたのです。

しかし、笑倍繁盛へ向けたいろいろな実践をしていくと、明らかにそれまで以上に絆が強くなりました。そして、売ろうとしなくても自然に売れるようになりました。それは、元々あった絆だけではなく、さらに深いところの絆ができていったのだと考えられます。

私たちは多くの実践検証を通じて、絆には4つの種類があると考えるようになりました。「ＷＨＡＴ」の絆、「ＨＯＷ」の絆、「ＷＨＯ」の絆、「ＷＨＹ」の絆です。

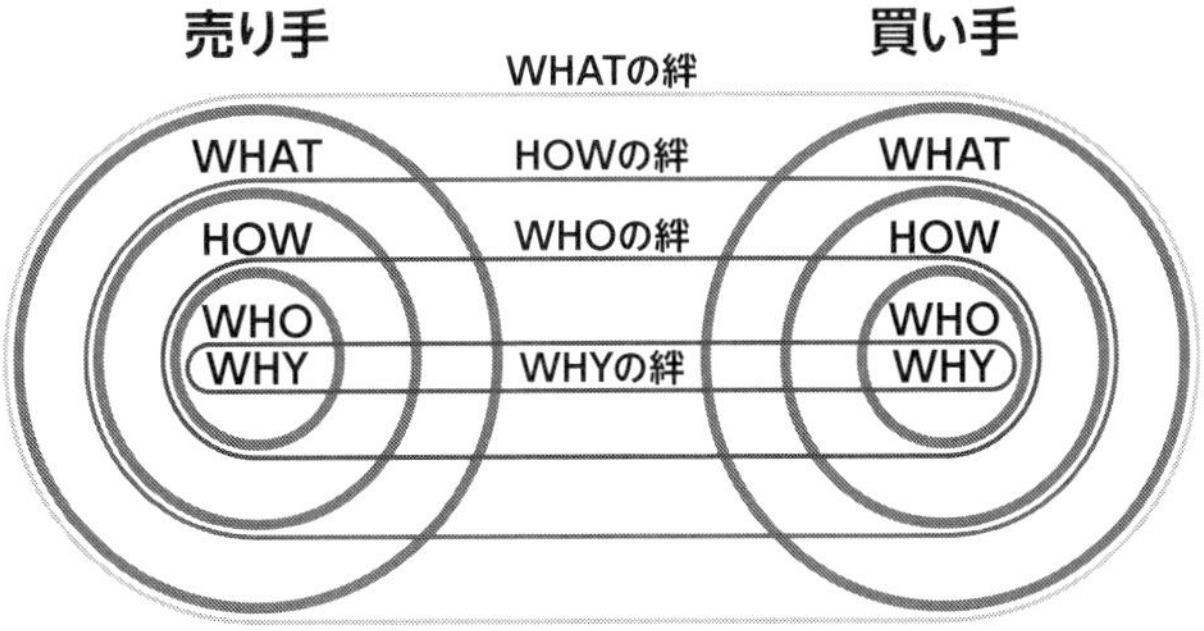


「ＷＨＡＴ」の絆とは、その店・会社が取り扱っている商品や提供しているサービスに関する絆です。あそこが売っているものなら大丈夫だろうというような、「ＷＨＡＴ」に関する信用や信頼です。「ＨＯＷ」の絆もあります。その店・会社の仕事のやり方や能力などに関する信用・信頼です。

この2種類の絆は、商品やサービスに関する絆であって、「人」に関する絆ではありません。この2つの種類の絆も重要ですが、今の時代では当然のものになっています。それだけでは選ばれず、選ばれる時は、他社と比較されたり価格交渉されたりします。

3つめは「人（ＷＨＯ）」に関する絆です。この部分は、サイモン・シネックさんの動画には出てきませんが、私がアレンジして付け加えています。要するに、人と人の間に紡がれる絆です。相手に対する信用・信頼、好意・好感、愛着・愛情などといった感情的なつながりです。

この絆は、何度も会ったり、ニュースレターやSNSなどでつながっていたりすると、強くなっていきます。街の電器屋さんの場合は、お客さんと長い付き合いになることが多いので、自然と「WHO」の絆が強くなります。だから選ばれ続けるのです。ただし、「WHO」のさらに深いところに、最も強力な絆があります。それが「WHY」の絆です。

ある人が「WHY」を伝えて、それを聞いた人が共感・共鳴した時、その両者の間には最も深いところに絆ができます。するとその相手を応援したくなります。大脳辺縁系が意思決定して行動の指令を出します。

本人は自分で考えて行動したつもりでも、実はそれは後付けの理屈であって、実際は共感した時に行動することが決まっているのです。『北斗の拳』の有名なセリフ「お前はもう死んでいる」のように、「お前はもうその店で買うことが決まっている」という状態なのです。

## 「街の母屋」という「WHY」を掲げる店

ここで一つ事例をご紹介します。京都府宇治市にある、てくのハウスMAKINOさんは、社員数30名を超える、街の電器屋さんとしては大きな会社です。社長の牧野伸哉さんは、店舗のリニューアルを行うタイミングで、「WHY」を中心に据えたブランディングを始める決意をされました。

まずはスタッフで集まり、「WHY」を検討するワークを行いました。この店は何のために存在するのか、この店の存在理由・存在目的は何か、そんな問いに対して意見を出し合いました。検討を重ねた結果、次のようなお店の「WHY」が明確になりました。

「この街の母屋のような存在でありたい」

地域を一つの家族と見立てて、店がその地域における母屋のような存在でありたい、用事がなくても顔を見せてほしい、顔が見られただけでも嬉しい、困った時は頼ってほしい、などといった想いが込められています。

店内のしつらえも母屋らしさを重視し、地域の様々な年齢や趣味の方が楽しめるようなイベントも開催し、お店は小さなお子さんからお年寄りまでが集う場所になりました。

「WHY」を打ち出してから、その想いに共感したお客さんが増えていきました。そういったお客さんは、量販店やネットと比較したり値切ったりすることはなく、大きな仕事でも任せてくれるそうです。そういうお客さんが増えると、売上や利益が自然と上がりやすくなることは言うまでもありません。

また、採用活動でも「WHY」を前面に打ち出しました。するとやはり、その「WHY」に共感した学生が入社してくれました。TEDの動画の中でサイモン・シネックさんは、次のようにも言っています。

**仕事ができるという理由だけで採用した人はお金のために働くでしょう。しかしあなたの信念を信じてくれる人を雇えば、その人は血と汗と涙を流して働くでしょう。**

動画を見た時、これもすごいメッセージだと痺《しび》れましたが、実際にそのとおりでした。「WHY」に共感した人は、単にお金のためではなく、自分が共感した「WHY」のために自発的に働きます。単にお金のため、生活のために働く人と、自分が信じることのために働く人、その両者のパフォーマンスの違いは語るまでもないでしょう。

このように**「WHY」を明確にしてそれを発信していくことで、お客さんが自ら動き、社員も自ら動き、お店が自然と笑倍繁盛へ向かって進んでいく**のです。

## 「ＷＨＹ」に最も動かされるのは誰か

人は「ＷＨＹ」に動かされます。「ＷＨＹ」に共感したら、お客さんも社員も「ＷＨＹ」によって動かされます。でも、「ＷＨＹ」に最も動かされるのは、お客さんでも社員でもありません。誰でしょうか。

それは経営者自身です。自分の「ＷＨＹ」を明確にして、それを言葉にして発信していくと、そのことに最も影響を受けるのは自分自身です。「自分のＷＨＹに自分が動かされる」という表現は変な感じがするかもしれませんが、重要な事実です。

ただ、自分自身の「ＷＨＹ」が明確になっている人は、そう多くはいません。それが人に伝えられるくらい言語化できている人はごくわずかでしょう。多くの人は、自分の「ＷＨＹ」など意識せずに、「ＷＨＡＴ」や「ＨＯＷ」ばかりを意識して仕事をしているのです。

そんな人が、自分の「WHY」が明確になったらどうなるでしょうか？

毎日、その「WHY」を人に伝えていくとどうなるでしょうか？

その「WHY」を最も多く目にするのも、耳にするのも、本人です。だから、人をパワフルに動かす「WHY」の力が、まずは自分自身に作用し始めます。「WHY」から泉のようにエネルギーが湧いてきて、高いモチベーションを維持するようになります。目の色が変わり、表情が変わり、醸《かも》し出す雰囲気が変わります。

「お客さんが別人のように変わった」という事例は多く生まれていますが、実際はその前に、店の経営者自身が別人のように変わっていることには気づかないのでしょう。**「WHY」に最も動かされるのは、自分自身**なのです。

## 「WHY」を明確化する方法

笑倍繁盛は「WHY」から始まります。笑倍繁盛のためには、「WHY」は極めて重要です。では、そんな「WHY」を明確化するには、どうすればよいのでしょうか。

前述の動画で語られているように、「WHY」に反応する脳の部位「大脳辺縁系」は、行動や感情を司り、すべての行動の意思決定を行いますが、論理的思考や言語の能力はありません。そのため「WHY」は言葉にしにくいという特徴があります。つかみどころがなくて、目に見えなくて、考えにくいし、伝えにくいのです。「WHYを考える」「WHYを言語化する」というのは、脳の機能に矛盾した難しい作業と言えます。

そこで私たちは、その作業の難しさを承知した上で、次のような方法で「WHY」の明確化に挑戦しています。

最初に、様々な質問に答えてもらいます。アンケートに答えてもらったり、インタビューしたりします。質問項目はいろいろありますが、例えば次のような質問です。

★今の仕事をしていて一番嬉しいのはどんな時ですか？
★ワクワクするのはどんな時ですか？
★心が満たされると感じるのはどんな時ですか？
★お客さんが最高の笑顔を見せてくれるのは、どんな時ですか？
★お客さんからよく何と言われますか？　何と言われたら嬉しいですか？
★お客さんにとって、または地域や社会にとって、どんな存在でありたいですか？
★あなたの店・会社の長所、魅力、こだわりは？
★あなたの店・会社の変わったところ、おもしろいところは？
★今の仕事をしているのはなぜですか？
★今の仕事をがんばるエネルギーは、どこから湧いてきますか？
★将来どうなりたいですか？

このような質問に、経営者自身に取り組んでもらいます。また、スタッフの皆さんにも可能な範囲で取り組んでもらいます。可能であれば、それぞれの回答に対して、「それはなぜですか？」という質問を続けて、その理由についても答えてもらいます。文法や論理性などは無視していいので、とにかく、なるべく多く書き出してもらいます。

次に、これらの質問への回答の中から、自社・自店にとって重要なキーワードを抽出していきます。文章ではなく、単語や短いフレーズで書き出してもらいます。

「この言葉、大事だよね」
「当社・当店にとって欠かせないよね」
「これがなくなったら、ウチじゃなくなるよね」

と思う言葉を書き出していきます。ダブったり、似たような言葉が出てきても構いません。あまり深く考えず、どんどん書き出していきます。複数メンバーで取り組む場合は、各自が自由に書き出していきます。書き出したら、そのカードを大きなテーブルの上に広

げます。そして、同じキーワードや似た意味のキーワードは近くにまとめて、テーブルの中央部分を空けて置いていきます。

そこに並べられた言葉は、すべて、自社・自店にとって欠かせない、重要な言葉たちです。それらを眺めていると「なんか楽しくなってきた」「元気が出てくる」と言う人がいます。自分にとって大切な言葉、パワーワードが並んでいるので、エネルギーが高まるのだと思います。それらの言葉がエネルギーの源泉につながっているということでしょう。

その後、空いている中央部分に、それらの大切な言葉の中でも特に大切な言葉を置いていきます。中央に置かれるカードは、少なくとも2〜3枚、多くて5〜6枚。スタッフのみんなで取り組む場合は、みんなで自分たちにとって大切な言葉を検討するというこのプロセスそのものが、非常に価値ある時間、価値ある体験になります。

最終的に中央付近には、自分たちにとって本当に大切な言葉のかたまりができます。中央付近が、本当にそこから力が湧いてくるような、エネルギーの源泉になります。周囲にある他のすべての言葉は、それら言葉のための手段だと思えるような、すべての目的に当たるような言葉が並びます。

ここで出来上がったものを、私たちは「キーワードマップ」と呼んでいます。キーワードマップを見れば、その店や会社が大切にしていることがおおよそわかります。

最後に、キーワードマップをもとに、「WHY」を言語化していきます。ここで言う言語化には2種類あり、一つは短いコピー、短いフレーズ化で、もう一つはお手紙的な文章化です。この2種類の「WHYコピー」（WHYメッセージ）ができたら、笑倍繁盛へ向かっていくためのスタートラインに立つことができます。それを伝えていくことで、「商売」から「笑倍」へのシフトが始まります。

## 有名企業の「ＷＨＹメッセージ」の例

ここまで、街の電器屋さんの事例を交えながら「ＷＨＹ」を明確化する方法をお伝えしてきましたが、最後に有名企業のわかりやすい「ＷＨＹメッセージ」の例を紹介します。

アウトドアブランドのパタゴニアは、地球環境保護に力を入れていることで有名ですが、２０１９年に企業理念（ミッションステートメント）を一新しました。新たに掲げられたのは、わずか一行。

「私たちは、故郷である地球を救うためにビジネスを営む」

パタゴニアが存在する理由、ビジネスを営む理由が、至極シンプルに掲げられています。商品やサービス（ＷＨＡＴ）や、企業の強みや特徴（ＨＯＷ）については一切触れられていません。潔く「ＷＨＹ」だけを掲げた企業理念。パタゴニアの目的は「地球を救うこと」であり、ビジネスはその手段であると宣言されています。

実際、パタゴニアの事業戦略や商品開発、流通や営業施策など、様々な点から「地球を救うため」という目的と、それに対する強い想いが伝わってきます。パタゴニアに熱烈なファンが多い理由は、ここにあるのだと思います。人々はこの「WHY」に共感し、それによって大脳辺縁系が行動を決定し、パタゴニア製品を買っているのです。

もう一社の例を紹介します。焼鳥チェーンの鳥貴族の企業理念も、極めてシンプルなコピーで表現されています。

## 「焼鳥で世の中を明るくする」

この企業理念で注目するべきは、「焼鳥」という商品（WHAT）が、明確に手段に位置づけられている点です。目的（WHY）は「世の中を明るくすること」であり、焼鳥はその手段だというのです。そして鳥貴族には、その短い企業理念の後に、「鳥貴族のうぬぼれ」という、次のような文章が掲げられています。

**鳥貴族のうぬぼれ**

たかが焼鳥屋で世の中を変えたいのです
心を込めて焼いた焼鳥
その焼鳥をまごころ込めた笑顔で
お客様に提供していきたい
焼鳥を食べられたお客様の幸せそうな顔
帰りがけに「おいしかったよ」とあたたかい一言
「ありがとうございます」と感謝の気持ち
お客様のその顔、その一言が
私たちの喜びなのです
そんな心と心のふれあいで
世の中を明るくしていきたい
たかが焼鳥屋　されど焼鳥屋

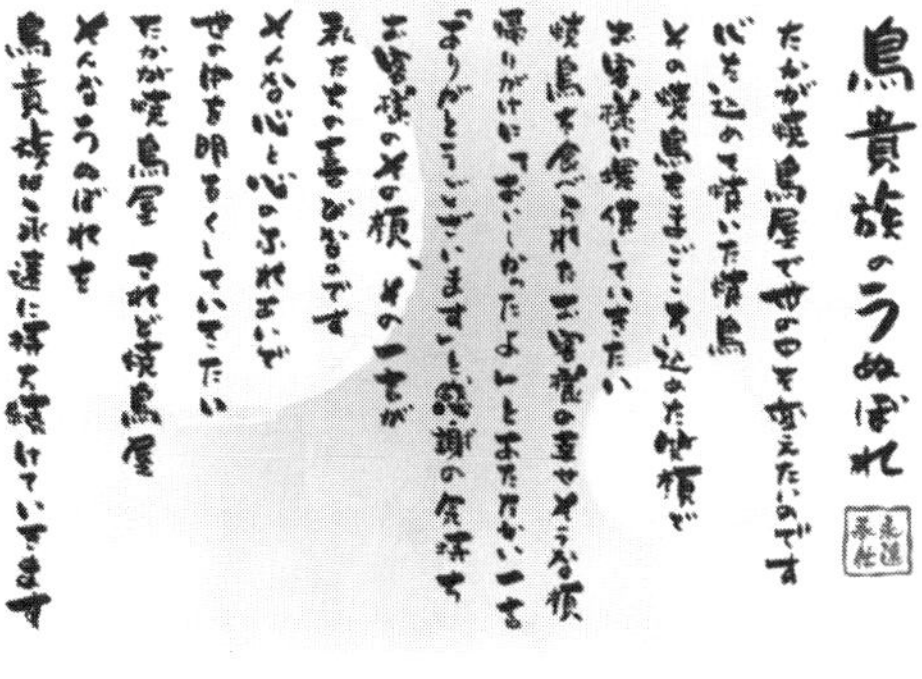

## そんなうぬぼれを
## 鳥貴族は永遠に持ち続けていきます

「焼鳥で世の中を明るくする」というコピーと、「鳥貴族のうぬぼれ」という文章を読むと、鳥貴族の「ＷＨＹ」が伝わります。頭で理解するというよりも、心に届く、心に響くような感覚を覚えます。「ＷＨＹ」を明確化するにあたっては、この「心で感じる」という点が非常に重要です。

## 「ＷＨＹメッセージ」で一番大切なこと

「ＷＨＹ」を言語化（メッセージ化）するのは簡単ではありませんが、とても重要なので、時間と場所を確保して、じっくりと取り組むことをおススメします。そして「ＷＨＹメッセージ」で最も重要なポイントは、頭で考えるのではなく、心で感じるということです。

「WHYメッセージ」の目的は、笑倍繁盛につながることです。つまり、メッセージを見たり聞いたりした人が、その「WHY」に共感することです。共感とは理解ではありません。心に届く、心に響く、心が震える、そんな感覚です。その結果、その店に好意・好感を抱いたり応援したくなったりするのです。だから、どんなにきれいな言葉（コピー）であっても、読んだ人が共感したり好意・好感を持ったり応援したくなったりしなければ、良いメッセージとは言えません。

判定するのは「頭」ではなく「心」です。論理的に考えるのではなく、言葉を使って考えるのでもなく、心で感じることです。大脳新皮質ではなく、大脳辺縁系が反応して、行動するように指令を発するようなメッセージにする必要があります。

ただ、もしお客さんが「WHY」に共感したとしても、すぐに行動が起こされるとは限りません。「WHY」の効果はセールスDMやインターネットマーケティングのように、反応率がすぐわかるものではないのです。すぐには目に見えず、数字にも表れません。

そこで、「WHYメッセージ」を検討する際に最も大切にしていることは、「自分の心」が反応するかどうかです。前述したとおり、「WHY」に最も動かされるのは自分自身です。自分がそのメッセージに力をもらえる、力が湧いてくるような感覚を覚えなければ、それは良いメッセージとは言えません。まずは経営者やリーダー自身の心が、それからスタッフの皆さんの心が反応することが大切です。やはり「自分ファースト」なのです。

実際、お客さんに変化が表れ、数字に変化が表れたとしても、それが「WHYメッセージ」によるものなのかはわかりません。「WHYメッセージ」によって経営者やスタッフが変化し、それによってお客さんが影響を受けた可能性も高いのです。そういう意味でも、まずは**自分たちが影響を受ける「WHYメッセージ」であることが重要**なのです。

## 「WHY」を明確化する「究極の一文」

本章では「WHY」を明確化する方法を詳しくお伝えしてきましたが、最もシンプルに、わずか一つの文を完成させるだけで、「ＷＨＹ」を明確化する方法があります。それは、次のような一文です。

**私たちの存在目的・存在理由は、●●●●です。**
**商売（ビジネス）はその手段です。**

パタゴニアの場合、存在目的・存在理由は「地球を救うこと」であり、ビジネスはその手段です。鳥貴族の場合、存在目的・存在理由は「世の中を明るくすること」であり、焼鳥はその手段です。

このような一文を完成させることができたら、「ＷＨＹ」を明確化できたと言ってよいでしょう。

例えば、電器屋さんの場合は次のような一文です。

**私たちの存在目的・存在理由は、「この街の笑顔を増やすこと」です。**

**家電製品を売るのも、家のリフォームをするのも、すべてその手段です。**

このように、自社・自店が存在するのには理由・目的があって、商品やサービスはその手段であるという一文は、「ＷＨＹ」を明確化するための究極の一文です。この一文を完成させて、それを読んだ時に心が動くようであれば、それは良い「ＷＨＹメッセージ」だと言えるでしょう。

こうして検討し、明確化した「ＷＨＹメッセージ」によって、自分たちが動かされ、お客さんが動かされ、笑倍繁盛に向かっていくのです。

人は「ＷＨＡＴ」に動かされるのではなく、「ＷＨＹ」に動かされるのです。

**笑倍繁盛は、「ＷＨＹ」から始まる**のです。

# 第4章

# 笑倍繁盛の実践方法

第2章と第3章で、笑倍繁盛の最も重要な考え方をお伝えしてきました。本章では、それらの考え方をもとにした、笑倍繁盛のための具体的な実践方法についてお伝えします。

## 笑倍繁盛の実践とは何をするのか

笑倍繁盛の実践とは、セールス活動ではありません。マーケティングでもありません。それは、お客さんやお客さんになる可能性のある人の「認識」を変える活動です。

何もしなければ、例えば電器屋であれば、人々の頭の中にある常識的な「電器屋さん」だと認識されています。一般的には「家電製品を売っている店」という「WHAT」の認識であり、人によっては「サービスがいい電器屋さん」という、「HOW」の認識もあるかもしれません。ほとんどの場合、「WHY」（何のためにその仕事をしているのか、何のために存在するのか）は発信されていないので、普通は「お金を稼ぐため」「生活の糧《かて》を得るため」と認識されています。

つまり、ほとんどの電器屋さんは「売上・利益目的で家電を売っている店」と認識されているのです。これは、電器屋さんに限らずどんな業種・業態でも、普通は「生活の糧を得るためにその仕事、その商売をしている」と認識されています。

笑倍繁盛の実践とは、その認識を変えることです。そのために、お客さんの目に入る情報を変えたり、お客さんの体験を変えたりすることです。情報発信や体験を変えることで、「ＷＨＹ」を伝えて共感してもらい、「ＷＨＯ（人に関する情報）」を伝えて親しみを感じてもらい、人で選ばれる状態をつくっていくことです。私たちはそれを**「笑倍繁盛ブランディング」**と呼んで実践してきました。以下、具体的な事例とともに見ていきます。

## 笑倍繁盛のための2大ツール

まずは、お客さんとの接点となる媒体（ツール）を変えることで、認識を変えていく方法を見ていきます。笑倍繁盛を促進していくツールには様々なものがありますが、これまでの実践研究の結果、最も効果が高いツールが明確になっています。

一つは、ニュースレターです。ニュースレターとは、チラシやDMのような販売目的のツールではなく、お店からのお知らせ、店主やスタッフの近況、読者にとって役立つ情報などを載せた、文字どおり「お知らせ新聞」＋「お手紙」という感じの媒体です。

ニュースレターがなぜ効果があるのかは明確で、一つは接触頻度です。ニュースレターは定期的に発行します。毎月発行すれば、お客さんは毎月毎月そのお店のことを思い出し、そのお店やそこで働く人の近況を知ることになり、親しみを感じるようになります。自然と絆ができて、笑倍繁盛マトリックスの右側に移動していきます。

ここで大事なことは「販売目的ではない」ということです。ニュースレターを発行していても、それが何かを売ろうとするものであれば効果は得られません。ニュースレターであろうとチラシであろうと、お客さんが見た時に「商売」のツールだと認識されれば、それは笑倍繁盛ツールではなくなります。読む人によろこんでもらいたい、楽しんでもらいたい、心と心を通わせたい、そんな想いでつくられたツールであることが重要です。

▼定期的に届く（繰り返し何度も接触する）
▼「WHO」情報や「WHY」情報が届けられる（人となりや想いが伝わる）
▼販売目的ではない

この3つの条件が揃ったニュースレターは、笑倍繁盛のための代表的なツールです。そしてこの3つの条件を満たすWEBツールが、SNSです。SNSは、そもそも人と人がつながるためのツールです。要するにヨコ軸のためのツールです。だからヨコ軸を重視する笑倍繁盛の実践にはとても相性が良いのです。逆に、つながるためのツールであるSNSでタテ軸の商売をしようとすると、一発で嫌われます。そういうことをしなければ、SNSでつながった人同士はお互いのタイムラインで頻繁に目にするので、絆は確実に強まります。そしてやはりそこでも、「WHO」の情報がメインとなります。

このようにニュースレターとSNSが、「商売」から「笑倍」へシフトして笑倍繁盛を実現するための2大ツールです。以下、具体例を見ていきます。

## ニュースレターによる実践

ニュースレターは販売目的ではないとは言いつつも、実際は売上に大きく貢献します。それだけで、仕事も顧客も増える効果があります。

石川県能美市にアンド・はとやという、業績を伸ばし続けている電器屋さんがあります。好調な業績をけん引しているのは、社長の杉森達也さんが14年以上毎月発行し続けている、「はとポッ。報」というニュースレター。毎月発行し、商圏地域のすべての世帯に届け続けています。

同店は何年も前から店側からの営業活動を全く行っておらず、お客さんからの相談・依頼を受けて訪問し、仕事を受注するスタイルで業績を上げ続けています。営業活動を行っていないにもかかわらず、途絶えることなくお客さんのほうから相談や依頼が入り続けています。

そのようなスタイルを可能にするためには、お客さんに何らかのニーズが発生した時に、お客さんがこの店のことを思い出し、他社ではなくこの店に電話をしてもらう必要があります。そのような状況を、ほぼニュースレターという一つのツールで実現しています。そのツールには、次のような情報が載っています。

▼**何ができる店なのか（WHAT）**
▼**どんな技術を持った店なのか（HOW）**
▼**どういう仕事をする店なのか（HOW）**
▼**どんな人がやっているのか（WHO）**

特に重要なのは「WHO」の情報です。ニュースレターには、いつも社長の家族のプライベート記事が載っていて、かわいいお子さんが登場します。近隣地域の多くの人にとっては、その店を利用したことがなくても、アットホームな雰囲気を感じて親しみを覚えます。そのような体験を毎月繰り返すのです。

そんな体験をしている人のお宅で、何かニーズが発生したら、真っ先に思い出されるのは間違いなくアンド・はとやさんです。はじめて電話する時でも、不安なく相談ができて、最初から信頼して仕事をお願いできるのです。

ただ、すぐに売上につながるツールではなく、時間がかかります。発行し始めてから、目に見える（数字に表れる）成果が上がるまでは、数か月以上かかるという方が多いです。その「継続すること」「積み重ねること」自体にも大きな意味があります。

杉森さんに、14年以上も欠かさずニュースレターを発行し続けているモチベーションはどこから湧いてくるのかとお聞きしたところ、「これを出さないと売上が落ちるとか、そういうことではなくて、毎月お便りを届けることがお客さんとの約束を守ることであり、これを途絶えさせると約束を破ることになると思っているので、怖くてやめられないんです」とおっしゃっていました。

ニュースレターを発行し続けることが、お客さんとの約束を果たす信頼の証《あかし》だということです。おそらくお客さんにもそんな想いが伝わって、お店に対する信用や信頼につながっているものと思われます。

ニュースレターという一つのツールだけで、知ってもらえて、愛着を感じてもらえて、信頼してもらえます。だから自然に売上が上がるようになります。同じことは多くの店の事例で証明されています。**自然に売れる笑倍繁盛の状態をつくっていくためには、ニュースレターは必要不可欠なツール**であると言えます。

## SNSによる実践

次に、SNSで笑倍繁盛を実現している事例をご紹介します。東京の亀戸にある、栄電気という地元ではとても有名な電器屋さんの事例です。

店主の沼澤栄一さん（通称：沼ちゃん）は、ブログやSNSで積極的に情報発信をしていて、ツイッターのフォロワーは5000人を超えています。5000人というのは驚くような数ではありませんが、その多くは亀戸の人なので、亀戸に住んでいるフォロワー数に限れば、おそらくトップクラスでしょう。他にも、Facebook、YouTube、TikTokなど、様々なSNSで情報発信をしていて、地元亀戸においてはトップインフルエンサーといった感じです。

そんな沼ちゃんのスマホには、SNS経由で毎日のように新規のお客さんから仕事の依頼や相談が入ります。普通、新規のお客さんとはよそよそしい関係でスタートしますが、沼ちゃんの場合は新規客でもSNSで沼ちゃんのことをよく知っている人なので、最初から絆ができている状態でお付き合いがスタートします。新規客が最初から、笑倍繁盛マトリックスの右側に登場するのです。

また**SNSは人と人がつながるためのツール**（ヨコ軸ツール）なので、直接的に商品やサービスを売ろうとしても売れません。当然、沼ちゃんもSNS上で何かを売ろうとはしません。しかし自然とSNSからお客さんが来るようになっています。では、沼ちゃんはSNSでどんな発信をしているのでしょうか。

まずは普通の人と同じように、飲食店や飲み屋さんからの投稿が多いです。休日には釣りやカヤックなど趣味の投稿もしています。毎朝スカイツリーと空模様の写真も投稿しています。まあ、普通の人と同じような使い方です。

ただ沼ちゃんの場合は、飲食店もほとんどが地元のお店です。ただ単に「こんなの食べました」という投稿ではなく、地元のお店の紹介を兼ねています。沼ちゃんのフォロワーは亀戸の人が多いので、沼ちゃんのSNSに載ると、お店にとってもいい宣伝になるのです。

ちなみに栄電気さん（沼ちゃん）の「WHY」は、
「亀戸を笑顔あふれる街にしたい」
と掲げています。飲み歩きのツイートは、その「WHY」の実践とも言えるのです。

仕事に関する投稿もしています。こんな仕事をしました、こういう工夫をしました、こんなことがありましたなど、沼ちゃんの仕事内容や仕事のやり方、その背後にある沼ちゃんの思いや考えを発信しています。また、家電製品の誤った使い方で火災になりそうだったという話や、地震や台風の時に気をつけたほうがいい電気の情報、その他いろいろな家電製品の使い方や選び方など、プロならではの専門的な情報も発信しています。

すべての投稿に共通しているのは、フォロワーさんの役に立とう、フォロワーさんに楽しんでもらおうという沼ちゃんの想いが伝わってくることです。

こういった情報発信を通じて、沼ちゃんの人となり、仕事ぶり、考え方などが伝わり、沼ちゃんファンが増えていきます。ファンになった人は何かニーズが発生したら、自分からすすんで沼ちゃんに連絡し、売る人も買う人も笑顔で、幸せな笑倍が行われるのです。

## デジタルとアナログが地域で融合する

さらに栄電気さん（沼ちゃん）の事例を紹介します。沼ちゃんは、ブログやＳＮＳだけではなく、アナログ媒体のニュースレター「栄電気のココロ」も発行しているのですが、おもしろい現象が起こっています。

まず、そのニュースレターは亀戸の多くの飲食店にフリーペーパーのように置かれています。飲食店の店主は、沼ちゃんのニュースレターが届いたら、「今月号の栄電気のココロが届きました！」とツイッターに投稿します。するとそれを見たお客さんが来店し、

「栄電気のココロ」をもらっていきます。当然、その時には食事もします。電器屋さんのニュースレターが飲食店にお客さんを呼んでいるのです。

また沼ちゃんは、コロナ禍でもお客さんや地域の人たちのための活動を活発に行いました。除菌水（次亜塩素酸水）を無料で配布したり、お花見で見られることなく散った桜の花びらを使ってアクセサリーをつくって無償提供したり、疫病退散の願いを込めたアマビエのぬり絵を配布したりしました。

そして、それらの取り組みをSNSに投稿すると称賛の声が飛び交いました。その投稿を見た人が、除菌水やアクセサリーをもらいに来たり、出来上がったぬり絵を持ってきたりして、それがまたSNSにアップされ、さらに地域で話題になっていました。

リアルな世界のアナログツールやアナログの取り組みが、SNSの世界で拡散され、それを見た人がリアル店舗に来店し、それがまたSNSにアップされて拡散され、話題になるという現象が起こっています。

亀戸という地域の中で、沼ちゃんからの情報を通じて人々がアナログの世界とデジタルの世界を行ったり来たりして交流し、栄電気と沼ちゃんのファンが増えていっています。

## 商品画像も価格も載せずに高級エアコンが次々売れるチラシ

次に、売上に直結した事例をご紹介します。第1章でも登場したすえひろでんきさんでは、以前は「今なら○万円ＯＦＦ！」などと、価格訴求チラシを撒いていましたが、「商売」から「笑倍」へシフトして、そのようなチラシの配布をやめました。その代わりに、「ＨＯＷ」や「ＷＨＹ」の情報を載せるようにしました。

例えばエアコンの場合、部屋の下見をして、一番良い機種を選定して、工事して、アフターサービスまで、すえひろでんきのサービスの魅力を紹介したチラシを配りました。すると「キャンペーンでお得ですよ」と訴えていた時よりも多くのお客さんから注文がありました。

また、特価で仕入れたエアコンが大量に残ってしまったことがありました。そんな時、以前は価格訴求のチラシを撒いて、お客さん宅にも売り歩いていたそうですが、笑倍にシフトしてからはそういう売り方は一切行っていません。そこで、お客さんに「ＷＨＹ」を伝えるお手紙を届けることにしました。

お客さんのために一番おススメのエアコンを安く大量に仕入れたこと、なぜその商品がおススメなのかという理由、さらには、店側から売り込むのをやめたこと、そして大量に在庫が残っていることなどを正直にお伝えしました。その上で、エアコンを検討されている方は、間違いなく今がお得なのでお声がけくださいと、書き添えました。

価格は書いてありません。それどころか、商品の型番も写真も載せませんでした。ただただ現状を伝えて、想い（ＷＨＹ）を伝えたお手紙をチラシにして配布しました。

すると、次々と電話が鳴り始めました。「あの手紙のエアコンの件やけど……」「あのエアコンまだある？」などと、お客さんが口々に「あのエアコン」と言って注文が入りました。その際、価格交渉などはありません。そもそも価格が載っていないから当然です。商談もとてもスムーズに進みました。設置工事後には、普段以上に感謝されました。結果的に、写真も品番も値段もないお手紙だけで、約20万円のエアコンが10台以上売れました。これまでの商売の常識を覆すできごとでした。

その後多くのお店で、お手紙で「ＷＨＹ」を伝えることによって大きな売上をつくった事例は繰り返し再現されています。やっぱり、人は「ＷＨＡＴ」ではなく「ＷＨＹ」に動かされるんですね。商品と値段だけでは動かないけれど、「ＷＨＹ」が伝わりそれに共感すると、「ＷＨＡＴ」の詳しい情報はなくても、大脳辺縁系が意思決定して行動の指令を出し、人は行動するのです。チラシといえば商品写真と価格を載せるものだというのは商売の常識ですが、笑倍の世界では、お手紙のほうがよく売れるのです。

## 「WHAT・HOW・WHO・WHY」のすべてを伝えるツール

ニュースレターとSNSが笑倍繁盛の2大ツールだとお伝えしましたが、これらのツールには欠点があります。伝えられる情報が限られる点です。今の情報をタイムリーに伝えることはできますが、どうしても部分的・断片的な情報になります。一つひとつの情報は流れていくので、その時に見られて終わり。時間が過ぎると見られなくなります。

ニュースレターやSNSで情報を見て、そのお店や会社についてもっと詳しく知りたいと思った時、これを見てもらえたら、「WHAT・HOW・WHO・WHY」のすべてがわかる、そんなツールがあると非常に有効です。しかしそれらをすべて伝えようと思うと、情報量はかなりのボリュームになります。情報の整理やデザインにも工夫が必要です。

WEBの世界では、ホームページがその役割を果たします。SNSで断片的な情報に触れて興味を持った人がホームページを見に行くと、その店の全体像をしっかりと理解できます。だからSNS全盛時代とはいえ、ホームページは必要かつ重要なのです。

ただし、笑倍繁盛をめざすためには、ホームページも単にきれいなデザインでつくればよいというものではなく、「WHY」から伝わり共感してもらえて、その上で「WHO」が伝わり親しみを感じてもらって、「HOW」や「WHAT」について理解してもらえる、そんな情報の設計が重要になります。

一方で、アナログツールではどうでしょうか？　リアルな世界でニュースレターを見て、興味を持って、親近感や信頼感が高まり、もっと知りたいと思った時に見てもらえるものがなければ、それ以上知ってもらうことはできません。ホームページを見てもらえるとよいのですが、紙媒体（アナログの世界）からWEB媒体へアクセスしてもらうのは、意外にハードルが高いのです。WEBにおけるホームページのような、「WHAT・HOW・WHO・WHY」のすべてがわかるアナログツールが必要です。そこで私たちは**「お店の取扱説明書（トリセツ）」**というツールをつくっています。

## お店の取扱説明書とは

家電製品の取扱説明書を読めば、その製品ができることや使い方がわかります。それと同じように、お店自体の取扱説明書があれば、そのお店の「WHAT・HOW・WHO・WHY」のすべてを伝えられるのではないかと考えました。

そのお店にできること、そのお店の使い方、さらには笑倍繁盛のために重要な、なぜその仕事をしているのか、どんな想いでやっているのか、どんな人がやっているのかなどの情報をすべて載せて、読んでもらいたい順番に読んでもらえるツール。このようなものができたら、笑倍繁盛を実現するために非常に役に立つはずです。

そんな考えからつくるようになったのが「お店の取扱説明書（トリセツ）」という紙媒体のツールです。

お店の取扱説明書は、8～12ページくらいの冊子で、そのお店の「ＷＨＡＴ・ＨＯＷ・ＷＨＯ・ＷＨＹ」のすべての情報を掲載しています。順番も大事で、必ず最初に、「ＷＨＹ」が伝わるような設計にしています。最初に、そのお店は何のために存在するのか、何をめざしているのか、どんな想いで仕事をしているのかという「ＷＨＹ」情報が伝わり、その後に、どんな人が働いているのかという「ＷＨＯ」、何ができるのか「ＷＨＡＴ」、どんな強みや特徴があるのか「ＨＯＷ」の情報を伝えていきます。

「ＷＨＡＴ・ＨＯＷ・ＷＨＯ・ＷＨＹ」を伝えるだけでも、かなりの情報量です。ましてや、「商売」ではなく「笑倍」の店だという認識を持ってもらうためには、伝える情報、伝える順番、伝え方などにも工夫が必要です。特に伝える順番が重要で、そういう意味では冊子型のツールというのは、必ず表紙から順番に見てもらえるので理想的です。

こうしてお店の取扱説明書（トリセツ）ができて、ホームページも内容をリンクさせ、ニュースレター、SNSが整うと、WEBとアナログの両方で、笑倍繁盛実践を進めていくためのベースとなるツールが整ったことになります。

## お店の取扱説明書の劇的な効果

お店の取扱説明書により、劇的な成果が上がった事例がたくさんあります。滋賀県甲賀市にあるよしかわでんきの吉川昌宏さんは、自店のことを知ってもらうために、3年間ブログを毎日欠かさず書き続けました。SNSにも投稿していました。それだけ続けると、ブログを見た方からの相談や依頼も徐々に増えてきて手ごたえを感じていました。

そして創業70周年に際して、自分の想いをしっかりと伝えるためにお店の取扱説明書をつくり、お客さんや地域の方々に配りました。

すると、このトリセツを見た人から、「見たで〜」「こんなこともやってるんや」と多くの反響があり、たくさんの声がかかり、仕事も売上も増えました。吉川さんはもちろんよろこんでいましたが、こんなふうにおっしゃっていました。

「今までこんなに伝わってなかったんや……」

毎日ブログを更新し続けて、それなりに情報発信に力を入れてこられていたので、取扱説明書を配ってあまりにも大きな反響があったことが、こういうセリフになったのだと思います。やはり情報は、ＷＥＢとリアルの両方で、断片的な情報だけではなくまとまって整理された情報も見られる必要があります。**ホームページとSNS、取扱説明書とニュースレターという4つのツールが揃う**と、非常に伝わりやすくなります。

よしかわでんきさんの取扱説明書の内容をご紹介します。吉川さんは「WHY」を検討する中で、自分たちのことを「電器屋さん」ではなく、「このまちのお助け隊」と再定義して、取扱説明書の表紙に掲げました。この「自分たちは何者か？」というアイデンティティは、「WHY」の中でも特に重要な要素です。表紙をめくると、「WHY」の文章が書かれています。

子どもの頃、困ったお客さんのところに駆けつけてたちまち直してあげるお父さんや叔父さんを見て、かっこいいなと思って育ったこと。自分も電器屋さんになりたいと思っていたこと。大好きな地元の人たちの役に立ちたい、笑顔あふれる地域にしたい、そんな想いでやっていることなど、吉川さんの想いがひしひしと伝わってきます。

さらにページを進めていくと、お店の歴史、スタッフの人となり、仕事内容などが書かれています。洗濯機を納品する時は排水トラップまできれいに掃除することや、冷蔵庫を納品する時は前日から冷蔵庫を冷やしてお届けすることなど、お客さんのためを想ったこだわりのサービスについても書かれています。これを読めば、吉川さんがどんな想いで仕事をしていて、どんな内容の仕事をどのようにやってくれるのか、どんな強みや特徴があるのか……といったことがすべてわかります。

また、消防団、ＰＴＡ、防犯パトロール、お祭り、小学生のお仕事体験など、吉川さんが地域のために行っている様々な地域貢献活動についても書かれています。今までもやってきたことですが、トリセツに書いたことで、吉川さんの地域への想いとともに認識されるようになりました。お客さんは、よしかわでんきを応援することが地域のためにもなると感じるようになりました。

そして最後に、よしかわでんきの使い方として、家のことで困ったことがあったら、何でも電話してくださいと書かれています。

お店の取扱説明書とはこのような冊子です。その店の「ＷＨＹ・ＷＨＯ・ＷＨＡＴ・ＨＯＷ」のすべてが詰まっており、「ＷＨＹ」に共感し、「ＷＨＯ」に親しみを感じ、「ＨＯＷ」のメリットを理解して、「ＷＨＡＴ」の相談や依頼が来るようになるツールです。

ホームページも同様の内容にリニューアルしたところ、ホームページからの相談も増えています。たくさんのお店の取扱説明書をつくって検証してきた結果、やはり「ＷＨＹ」を伝えることの大切さがよくわかります。また、「ＷＨＹ」を含めた情報の整理と伝え方の重要性もよくわかります。

## あらゆるものが笑倍繁盛ツールになる

その他にも、お客さんや地域住民との接点ツールには様々なものがあります。名刺のような小さいモノから、スタッフのユニフォーム、店の看板やシャッター、営業車のような大きなものまであり、それらはすべて「商売」から「笑倍」へシフトするツールになり得ます。

店のシャッターで「ＷＨＹメッセージ」を伝えた事例もあります。従来はシャッターに何か書くなら、店の名前や営業時間、あるいは商品やサービスの情報だと思いますが、あえてそこに「WHYメッセージ」を掲げることで、ファンが増えることにつながりました。

営業車の事例もあります。すえひろでんきさんでは、以前はメーカーのロゴが入った営業車でしたが、それだと特に興味も持たれず印象にも残らず、「メーカーの販売店」という従来の商売を行う店という認識の維持につながっているだけでした。

そこで、「商売」から「笑倍」へのシフトに伴い、営業車もブランディングツール化しようと考えました。メーカーロゴを外して、店のブランドカラーのオレンジでラッピングして、「安心して笑顔で暮らせる街づくり」という「WHYメッセージ」を載せました。営業車は毎日地域を走るので、それを見た人の中に、すえひろでんきの「WHY」（存在理由）が繰り返し擦り込まれていきます。それを見た人から声をかけられることが増えました。

こうしてお客さんや地域住民の人たちから見えるものを「商売バージョン」から「笑倍

バージョン」へ変えていくと、次第に普通の商売をする店とは違うと認識され、笑倍繁盛につながっていきます。それが、ツールによる笑倍繁盛の実践です。

## 「店舗」の再定義

次に、店舗を見ていきます。売上・利益目的の「商売」を、幸せ目的の「笑倍」に再定義するのに合わせて「店舗」も再定義すると、お客さんの認識が変わりやすくなります。

従来の売上・利益目的の「商売」において、店とは「商品を展示する場所」「モノを売るための場所」ですが、幸せ目的の「笑倍」になると、「人が幸せになるための場所」になります。

人が幸せになるために集い、つながり、ふれあい、幸せになる場所。そこは「売り場」というよりも、コミュニティスペースのような社交の場、いわゆる「サロン」のような場所になります。笑倍繁盛の実践を進めている電器屋さんの中には、すでに店のサロン化が進んでいるお店もあります。

岡山県倉敷市のすがの電器さんは、店舗を建て替える際に、新しい店はどんな存在でありたいか、「お店のWHY」を検討しました。笑顔になれる場所、地域の公園のような場所、第二の我が家のような場所など、いろいろな意見が出されました。そして最終的に、

「縁と縁をつなぐ場所」

というコンセプトに決定しました。すがの電器さんにとっての店舗は、単に商品を並べて見てもらうための場所ではなく、商品を販売するための場所でもありません。もちろんそういった役割も果たしますが、何のための場所なのかというと「縁と縁をつなぐ場所」なのです。

新しいお店は、商品がすべて壁際に配置され、中央には広々としたスペースが広がって

います。そこで、認知症講座、介護保険教室、救命救急講習、イラスト教室、正月飾りづくり、ハーバリウム教室、ボイストレーニング教室など、様々なイベントが開催されています。

社会福祉協議会や市役所などとも様々な形で連携されていて、倉敷市の認知症カフェとしても正式に登録されています。人が集い、つながる場になっていて、まさに「縁と縁をつなぐ場所」になっています。それらのイベントが、商売（売上）につながっているのかどうかはわかりません。ただ、因果関係は証明できませんが、すがの電器さんの業績は非常に好調です。

また、北海道苫小牧市のかざし電気さんは、苫小牧市の社会福祉協議会に「ふれあいサロン」として登録されています。ふれあいサロンとは、地域の人が時間と場所を共有して交流する居場所で、地域の人が主役となって、仲間づくり・居場所づくり・生きがいづくりにつながる活動を行うものです。おそらく、民間企業である地域の一商店が登録されているのは、かなり珍しいケースだと思います。

かざし電気さんのふれあいサロンは、社長の嘉指《かざし》基博さんの奥様が癌で闘病中に、「これまでお世話になった地域に恩返しがしたい」という想いから発案され、実現されました。奥様はこのサロンがスタートした2か月後に冥土へ旅立たれましたが、その後も想いが受け継がれて、なんと毎週開催されています。

地域のお年寄りが自主的に集まり、おしゃべりをしたり、料理をつくってみんなで食べたり、カラオケを歌ったりと、楽しまれています。今では、サロンの途中でお客さんから電話が入ると「行ってきていいよ、店番しとくから」と、みんながお店に協力しながら自主的に運営されています。

そんなかざし電気さんの取り組みは、地元の新聞でも取り上げられました。それを読んで、その想いに共感された方がお客さんになっていく流れも生まれています。そういうお客さんは、かざし電気さんの活動に賛同し、その想い「WHY」に共感された方なので、お互いに相手を敬い合い、想い合う、とても良いお付き合いになるようです。

## 店に商品がないほうが売れる

もう一つ、お店に関する事例をご紹介します。千葉県茂原市のマルユウデンキさんの事例は、ちょっと衝撃的です。以前は店に商品がたくさん並んでいましたが、「商売」から「笑倍」へシフトするに伴って、店の在り方についても考えを変えていきました。店は何のために存在するのか、店に商品は必要なのか、常識にとらわれず考えた結果、商品はなくてもいいのではないかと考えるようになりました。

マルユウデンキさんは売り場面積40坪と、街の電器屋さんとしては広めの店舗ですが、それでも展示できる商品の数は限られ、実際はお客さんと一緒にカタログやＷＥＢで商品を選ぶことも多いので、中途半端に商品を並べるよりも、お客さんに楽しんでもらう場所にしたほうがいいのではないかと考えたのです。

試しに、徐々に展示商品を減らしていきましたが、売上は落ちませんでした。さらに減らしていって、ほとんど展示商品をなくしていきました。それでも売上は落ちるどころか、逆に伸びていきました。「店に商品はなくてもいいかもしれない」という仮説が、次第に確信に変わっていきました。

今では社長の有泉哲矢さんは、店はお客さんや地域の人が交流する地域のコミュニティスペースのような場所であればよくて、そんな関係の中で、必要な時に家電を買ってくれたり、リフォームの相談をしてくれたりすればいいと、自信を持っておっしゃっています。

商品がない店。それは果たして店と言えるのか、従来の常識ではよくわかりません。**商売の再定義に伴って、まさに店の再定義が必要になる**のです。

## お客さんの認識が書き換えられる瞬間

笑倍繁盛の実践を進めている電器屋さんの多くが取り組んでいるイベントの一つに、

「認知症サポーター養成講座」というものがあります。これは、認知症に関する正しい知識と理解を持ち、認知症の人やその家族への手助けができる人「認知症サポーター」を養成するための講座です。普通は介護事業所や町内会などが主催することが多いのですが、それを民間の街の電器屋さんが主催して、電器屋さんの店舗で開催しています。

さいたま市のエンドーデンキさんでも、その講座を開催しました。地方と比較すると人と人の関係性が希薄な、浦和駅の中心街という立地にあり、普段は店でイベントをしても来場者は多くないのですが、認知症講座の参加者は20名を超えました。そしてお店のスタッフとお客さんが一緒になって、認知症について詳しく学びました。

ここでご紹介したいのは、講座後のアンケートです。アンケートに書かれていた内容を、いくつか抜粋してご紹介します。

「社会のために貢献されているのですごいと思いました。単に電化製品を売ればよいというわけではないのですね」

「なぜ電器屋さんが認知症サポーター？　と思ったのですが、確かにお仕事柄認知症の方と出会う機会がありますものね。大変良い企画を考えられたと思います」

「困った時のエンドーデンキと言われていることには、とても深い意味があると思いました。地域の問題点など共に考えて地域を良くしていきたい、そのために何ができるか、仕事のみならず常に考えてくださっているのですね」

「地域のデンキ屋さんがこのような取り組みをされていて素晴らしいと思います。地域の高齢者にとっては、デンキ屋さんはとても大きな存在だと思います」

これらのコメントを読むと、認知症サポーター養成講座に参加するという体験を通して、お客さんの中の「エンドーデンキとはどんな存在か」という認識が書き換えられていることがわかります。ただ単に電化製品を売る店ではなく、地域のためを思ってくれる店なんだという認識に変わっています。この認識変化には、とてつもなく大きな意味があります。

そしてこのような認識の劇的変化は、イベントというリアルな体験だからこそ可能なものだと言えます。「エンドーデンキは地域のためのお店です」と、100回叫んでも、チラシや看板に大々的に書いても、こんなことは起こりません。**リアルな体験は、どんなツールよりもパワフル**です。

## ビールの人

さらにもう一つ、本当に意味不明な事例をご紹介します。第1章でご紹介した、お客さんと一緒にお店でクラフトビールを飲むイベントや、全長20メートルの巨大ソーメン流しをつくって地域の子どもたちを集めたイベントを行った、「売る気のない店」eプラザのぐち店さんの話です。

「売る気がない」と宣言してから、新規のお客さんが増え続けているのですが、はじめてのお客さんには、なぜ当店に依頼されたのかを聞くようにしています。すると、次のような答えが返ってくるそうです。

「だって、ビールの人だよね」
「だって、ソーメンの人だよね」

「ビールの人」って何でしょうか?
お中元やお歳暮の時の「ハムの人」というCMなら見たことがありますが……。
「ビールの人」「ソーメンの人」、全く意味がわかりません。

「ビールのイベントをした人だから、その人からテレビを買う、エアコンを買う」というのは、「風が吹けば桶屋が儲かる」以上に因果関係が不明です。しかし、ビールのイベントをしてから1年以上経った後でも、そう言ってこの店の新規客になる人がいるのです。
しかも、イベントに参加していない人がそう言うのです。

これはもう、常識では理解不能です。これまでの常識では理解できないような世界が、実はすでに立ち現れているのかもしれません。**常識的なことをしていたら見えないけれど、非常識なこと**（新しい時代に求められていること）**をすると、そういう世界が見えてくる。**そんな世界があるのかもしれません。

## 劇的な成果が上がる店の共通点

ツール、イベント、店舗などを「商売仕様」から「笑倍仕様」に変えていくと、お客さんが変わってきます。そうなるといろいろな変化が連鎖して、笑倍繁盛になっていきます。そういうお店の方に、一番変わったことは何かとお聞きすると、皆さん同じことをおっしゃいます。

「一番変わったのは自分自身です」

「一番変わったのは自分の心です」

確かに、劇的な成果が出たお店の特徴について検証すると、すべてのお店が取扱説明書をつくっているわけではありません。毎月ニュースレターを発行しているわけでも、SNSをやっているわけでも、地域貢献イベントを開催しているわけでもありません。

ツールや活動内容は共通する部分も多いのですが、すべてのお店に共通しているものはありません。しかし、すべてのお店に共通していると思われる点が一つだけありました。

それが**「人」**です。

それらのお店は、明らかに経営者自身、笑倍繁盛をめざす取り組みのリーダー自身が、本書で紹介しているような考え方に深く共感されていました。そのことが、言葉の端々から、表情や雰囲気からも伝わってきます。

そもそもツールをつくるのも、顧客体験をつくるのも「人」です。他店のツールや活動をマネしてみてもうまくいかないことが多いのは、それはツールと人、イベントと人の間に、不自然な違和感が生じるからだと思います。

ツールを変えても、顧客体験を変えても、人が変わらなければ成果は上がりません。「お店の取扱説明書」をつくっても、きれいなホームページをつくっても、人と接した時に感じるものと、それらのツールに書かれていることに違和感があると、成果にはつながらないのです。

もしもツールやイベントだけでお客さんの認識を変えられたとしたら、それは逆に問題です。人が変わっていなければ、その後の付き合いの中で必ず違和感が生じて、その時にお客さんは大きな失望を感じ、関係性に深刻な傷跡を残すでしょう。笑倍繁盛のためには、「人」が変わることが絶対条件なのです。では、どうすれば人が変わるのでしょうか。

まずは、新しいモノの見方（商売観・仕事観）を知ることが必要です。「商売＝売上・利益目的」という世界にどっぷり浸かっていたら、その世界しかないように思えます。でも、一度その常識から離れてみると、違う世界があることがわかります。

そのためには、本書のような本を読んだり、セミナーに出席したりするとよいでしょう。また、同じような考え方の人とつながって、お互いに情報や想いを共有し、相談し、学び合ったり刺激し合ったりする場があるととても良いと思います。

ただ、本を読んだり、セミナーに出席したり、コミュニティに参加したりしても、人はなかなか変われません。ましてや、長年それが当たり前だと思ってきた常識を書き換えるようなことが、そう簡単ではないのは言うまでもありません。成果が上がったお店でも、最初に人が変わったのかというと、必ずしもそうではありません。

ツールだけ変えてもダメですが、ツールを変えたことで人が変わるというパターンもあります。イベントだけ変えてもダメですが、イベントをやったことで人が変わるというパターンもあります。**ツール、イベント、店舗、人、これらが相互に作用しながら変わっていくことで、お客さんが変わっていく**のです。

## 「笑倍」へのシフトで一番大切なこと

本章では、笑倍繁盛の実践（笑倍繁盛ブランディング）の具体的な実践方法についてお伝えしてきました。最後に、その実践において一番大切なことをお伝えします。

それは**「一貫性」**です。

例えば、すえひろでんきさんが売り込みをしないのも、ニュースレターを発行し続けるのも、コンサートをやるのも、コロナ禍で除菌液を配るのも、すべて「安心して笑顔で暮らせる街づくり」という「ＷＨＹ」（目的）のための手段です。それらの活動に一貫性があり、すべてがその「ＷＨＹ」のための活動だということが伝わるので、多くの人に共感されて、応援されるようになっています。

eプラザのぐち店さんのクラフトビールのイベントもソーメンのイベントも、すべては

「心豊かな人生のお手伝い」という想い（WHY）からの行動です。そこに一切ウソはありません。それが伝わるから、人々は惹きつけられてお客さんになるのです。お客さんにその理由を聞いても「ビールの人だから」という意味不明な答えが返ってきますが、それは「WHY」の力、共感の力によって、大脳辺縁系が行動の指令を出しているからです。大脳辺縁系は言語を扱えず、言葉で論理的な説明はできませんが、行動することは決まっているのです。

「WHY」を明確にしてそれを発信していく。その「WHY」を日々の活動に落とし込む。それだけではなく、営業方法も、顧客とのかかわり方も、チラシやニュースレターも、ホームページやSNSも、イベントも、経営戦略から日々の活動までのすべてを、「WHY」を中心に一貫性を持って展開していくと、着実に笑倍繁盛に向かっていきます。その「一貫性」がとても重要です。

# 第5章

# 貢献の時代の商売観

## ――世界をより良い場所にする

ここまで笑倍繁盛の具体例や大切な考え方、実践方法についてお伝えしてきました。本章では、「商売」から「笑倍」にシフトすることの社会的な意義についてお伝えします。

## なぜ「商売」を「笑倍」に変えると自然に繁盛するのか

商品のことを忘れたら商品が売れて、売上のことを忘れたら売上が上がる。笑倍繁盛の実践研究によって、そんな不思議な現実がわかってきました。なぜそのようなことが起こるのでしょうか。

「商売」を「笑倍」に変えたら自然と繁盛するようになる理由をひとことで言うと、「そういう時代だから」ということに尽きます。人々が売上・利益目的の「商売」よりも、幸せ目的の「笑倍」を求める時代になっているからです。そんな時代背景を理解する助けになったのは一冊の本でした。マーケティングの父と言われる、フィリップ・コトラーさんの『マーケティング3・0』という本です。

日本では2010年に発売された、マーケティングの世界では有名な本。私は発売当初に購入し一度読んだものの、あまり印象に残っていませんでした。しかし、笑倍繁盛研究のヒントを探してなんとなく本棚から手に取り、久しぶりにページをめくると、衝撃を受けました。

笑倍繁盛の実践をしている電器屋さんがなぜ自然と繁盛するのか、つまり「商売」を「笑倍」に変えるとなぜ繁盛するのかについて、詳しく解説してくれているような内容だったからです。

この本に書かれている今の時代の特徴と、「笑倍」の特徴は、ピッタリ合っていました。「商売」が時代に合わなくなってきて、「笑倍」が時代に求められていることが、よくわかりました。まさか、日本の地方の小さな電器屋さんの現場で起こっているできごとが、世界的なマーケティングの名著で紐解かれるとは思ってもみませんでした。

## 「商売」が3・0に進化すると「笑倍」になる

『マーケティング3・0』の第1章は、次のような書き出しで始まります。

**長年の間にマーケティングは、われわれがマーケティング1・0、2・0、3・0と呼ぶ三段階の進化を遂げてきた。今日のマーケターの多くがいまだにマーケティング1・0を行っており、なかにはマーケティング2・0を行っている者もいるが、マーケティング3・0に進んでいる者となるとごく少数だ。最も大きな機会が訪れるのは、マーケティング3・0を実行しているマーケターのところだろう。**

ここからは、笑倍繁盛研究と『マーケティング3・0』の内容が重なる部分を中心に、私なりの解釈でお伝えしていきます。

「1・0の時代」は、世の中にモノが不足していた時代。この時代の商売とは、工場から生み出される製品を必要とする人々に売り込むことでした。売り込めば売れた時代です。まさに「製品（モノ）中心」の時代。松下幸之助の「水道哲学」は、まさにこの時代を象徴する考え方です。この時代はモノをつくる側・売る側に主導権があり、消費者は売られるものを買うことで満足していました。

次第に世の中にモノが行きわたり、「モノ余り」と言われる時代になると、消費者は数ある選択肢の中から自分好みのものを自由に選ぶようになりました。主導権は消費者に移り、多くの企業が「顧客満足」を目標に掲げました。「消費者中心」の「2・0の時代」です。消費者は他の人と違うモノ、自分らしいものを求めるようになり、企業はそれに対応して、他社との違いを打ち出し、ポジショニングや差別化が重要になりました。

今、人々の意識はさらに変化し、「3・0の時代」へと移行しています。この時代の消費者は、自分たちの一番深いところにある欲求の充足を求めます。それは「世界をより良い場所にしたい」「人や社会の役に立ちたい」という貢献欲求や、精神を充足させたい、より良い人生を送りたいという自己実現や自己表現の欲求です。

そのため、人々や社会が抱える課題に対する解決策を提示する企業や、そのようなビジョンやミッションを掲げる企業を求めるようになりました。世界をより良い場所にしようとする人や企業を求めており、そのような人や企業に出会うと注目し、興味を持ち、好意・好感を抱き、応援します。現在はそのような時代になっています。

『マーケティング3・0』には、このような時代観が書かれていて、いまだにほとんどの企業は1・0的な商売をしており、中には2・0的な商売をしているところもありますが、3・0的な商売をしているところはごく少数だと書かれています。そして、今は3・0的な商売をしているところが繁盛しやすい時代だと書かれています。

本書で紹介したような街の電器屋さんの現場で起こった様々なできごとは、その説明にことごとく当てはまっていました。認知症講座や地域のためにコンサートを開催したり、お祭りを実施したりして、地域社会に貢献しようとする電器屋さんは、多くの人々に注目され、共感され、応援されています。そして自然とお客さんが増え、仕事の依頼が増え、繁盛しています。それはまさに『マーケティング3・0』に書かれていることと合致します。

売上・利益目的の「商売」から幸せ目的の「笑倍」へシフトして、「笑倍繁盛」をめざす実践は、言い方を変えると、「マーケティング3・0」の実践だったと言えるようです。「1・0の時代」～「2・0の時代」は商売のやり方の変化で対応できましたが、**「3・0の時代」に対応するためには、商売観を根本から見直し、「笑倍」へ進化させる必要がある**のです。

## 街の電器屋さん3・0

街の電器屋さんの場合、このような時代の変化にどのように対応してきたかを整理してみます。「1・0の時代」は「この街の電器屋です」と看板を掲げればお客さんが来た時代です。商品を仕入れて、売って、壊れたら修理する。まさに典型的な「電器屋さん1・

0」です。その時代には、そういう電器屋さんが求められていました。人々はそこで、テレビ、冷蔵庫、洗濯機、クーラー（エアコン）など、次々と発売される電化製品を買い求めました。

「2・0の時代」になると、大型量販店も台頭してきて、価格競争が激しくなりました。街の電器屋さんも当初は価格競争をしていましたが、次第に自分たちの強みや特徴である「サービスの良さ」を前面に打ち出し、量販店との差別化を図るようになっていきました。

それが「電器屋さん2・0」です。現在でも2・0的な経営をされているお店が多いです。それによって量販店やネット通販と違う道で生き残ってきました。しかし最近は、そのようなサービスの良さを訴えるだけでは支持されにくくなってきたという声も増えています。それはおそらく、時代が3・0に移行しているからだと思われます。

「3・0の時代」は、人々が単に良いモノやサービスを求める時代ではなく、世界をより良い場所にすることを求める時代です。もちろん、モノもサービスも求めるのですが、それだけでは人が動きにくくなっています。

人々はより良い世界を求め、それに貢献することを求めます。より良い社会、より良い人生を求めています。そのため、商品やサービスの良さを訴求するだけの人や企業よりも、より良い世界にしようというビジョンやミッションを掲げ、それを実践している人や企業が応援されます。

そんな時代の中で、笑倍繁盛をめざして実践を進めてきた電器屋さんは、自店の「WHY」を明確にして、それを実践に移していきました。

「この街の母屋のような存在でありたい」
「安心して笑顔で暮らせる街づくり」
「このまちのお助け隊」
「お客さんと家族のようにつながり一緒に笑顔になる」
「心豊かな人生のお手伝い」

このような「WHY」を掲げて実行する街の電器屋さんは、いつの間にか、「3・0の時代」に対応していたと言えます。「電器屋さん3・0」に進化していたのです。

## 「3・0の時代」は「WHYの時代」

「1・0の時代」は「WHATの時代」でした。人々がモノを求めていたので、求められているモノをつくれば売れる、仕入れれば売れる時代。どうやって売るかという「HOW」は、それほど重要ではありませんでした。

「2・0の時代」になると、良い商品（WHAT）であることは当たり前になり、どんなニーズに対応するか、どうやって売るか、どうやってマーケティングを行うかなど、「HOW」が重要な時代になりました。

この「1・0（WHAT）の時代」〜「2・0（HOW）の時代」とは、社会はひたすら経済成長を追い求め、企業は売上アップを追い求め、個人は所得の増加を追い求めた時代でした。「何のために」という「WHY」はあまり意識されることはありませんでした。

| | 1.0 | 2.0 | 3.0 |
|---|---|---|---|
| 価値観 | モノ中心 | 消費者中心 | 人間中心 |
| 企業目的 | モノやサービスの供給 | 顧客満足 | 人や社会の幸せ |
| ビジネス成功の鍵 | 機能・品質・価格 | サービス・差別化ポジショニング | ビジョン・ミッション価値観・想い |
| | WHATの時代 | HOWの時代 | WHYの時代 |

しかしバブルが崩壊し、金融機関の破綻、リーマンショック、東日本大震災などを経て、経済成長やお金ばかりを追い求めることに疑問を感じる人が増えてきました。地球温暖化などの環境問題をはじめ、少子高齢化、人口減少、過疎化、格差など、社会が様々な問題を抱えるようになり、今までのような経済成長第一の社会でいいのだろうか、売上・利益第一の経営でいいのだろうか、お金のために働く人生でいいのだろうか、などといった疑問を持つ人が増えてきました。何のために働くのか、何のために生きるのか、「WHY」を考える人が増えてきました。

そのような「3・0の時代」は、「WHY

の時代」と言えます。「ＷＨＡＴの時代」、「ＨＯＷの時代」を経て、現在は「ＷＨＹの時代」になっているのです。

## 「経済第二」から「幸せ第二」へ

現在の資本主義社会は、「企業や個人が自分の利益を追求すれば、それが社会全体を豊かにする」という考え方が前提になっています。各々が利益を追求し、競争することによって経済が成長し、それによって社会全体が豊かになるという考え方です。だから辞書には「商売（ビジネス）＝利益追求」と書かれており、企業も個人も当然のように利益を追い求めてきました。

しかし昨今は、そんな資本主義の限界が指摘されることが増えてきました。経済第一の弊害が叫ばれることも増えてきました。このように人々の意識が変化してきている中で、相変わらず自社製品を売ることや、売上・利益のことばかり考えているような人や企業は、嫌われる時代になっています。嫌われるとまではいかなくても、敬遠されるようになっています。逆に、社会に貢献しようとする人や企業は、好意・好感を持たれ、応援される時代になっています。

社会貢献なんて余裕のある大企業が考えることだと思われる方も多いです。ウチみたいな小さい会社にそんな暇はない、そんな余裕はないと言う人も多いです。それを言うなら、本書で紹介したような街の電器屋さんはまさに、そんな暇も余裕もない、街の小さなお店です。

そんなお店が、認知症講座や防災教室、地域のコンサートやお祭りなどといった、売上に何の足しにもならない活動をしているので、同業者からは理解されないことが多いのです。そんな暇があったら一軒でも訪問してこい、一台でも売ってこいというのが、従来の商売の常識なので、当然かもしれません。

しかし実際には、そういった地域貢献活動に熱心な街の電器屋さんは、多くの人から応援されるようになり、自然と繁盛するようになっています。そのような電器店経営者の皆さんは、口を揃えて「世のため人のための活動は売上にもつながる」と言われます。

おそらく、多くの人々の意識や世の中全体の空気が変わってきているのだと思います。社会が「経済第一」から「幸せ第一」に変化したから、「売上・利益目的」の人や企業は敬遠されるようになり、「幸せ目的」の人や企業が好意・好感を持たれ、応援されるようになっているのです。だから、**人や社会の幸せに貢献しようとすると自然に繁盛する**のです。

## 民間企業の存在理由

認知症講座とか防災教室、お祭り、コンサートなど、そんなのは民間がやることではないと言われることもあります。民間企業は、利益を上げて納税することで社会に貢献しており、そういうことは行政がやることだというのです。

社会のことは政府や行政が行い、民間企業は利益を追求する。確かに、これは今までの常識だと思います。でも、今の社会が抱えている様々な問題は、政府や行政だけで解決できるのでしょうか。政府や行政に不満を言う人もいますが、それらの課題は簡単には解決できないものばかりですし、人手や資金にも限界があります。自治会や町内会などといった組織も高齢化が進んでおり、できることはかなり限定的です。

そもそも多くの地域課題や社会課題は、世の中が変わってきたことで新たに生じてきたもので、これまでの役割分担で考えると、誰の役割でもないものが多いのです。誰もが「自分の役割じゃない」と言えることばかりです。

そんな状況の中、本書で紹介したような街の電器屋さんは自ら動いて、「電器屋さん」という枠を超えて、「民間企業」という枠も超えて、地域に貢献しようと行動されています。そのようなお店は注目されて、多くの人から好意・好感や感謝、賞賛やリスペクトなどが寄せられます。電器屋さんの役割じゃないことをするからこそ、従来の商売の枠を超えたことをするからこそ、注目・感謝・応援されます。だから自然と繁盛するのです。

するとそのお店は、社会貢献しながらビジネスもうまくいっているという状態になり、ますます注目され、評価されるようになっていきます。そうした事例を繰り返し見てきて思うことは、今の世の中には**商売**（ビジネス）**と社会貢献を両立させる存在こそが求められている**のではないかということです。

## 自社の商売をソーシャルビジネス化する

ここで再びタテ軸とヨコ軸で考えてみます。タテ軸に「儲かる」か「儲からない」か、ヨコ軸に「社会のため」の事業か、「自分（利益）のため」の事業かという指標を置くと、次ページの図のようになります。

常識的な「売上・利益目的の商売（ビジネス）」は、マトリックスの左側で行われます。儲かっている企業は左上、儲かっていない企業は左下に位置します。これまでの商売が行

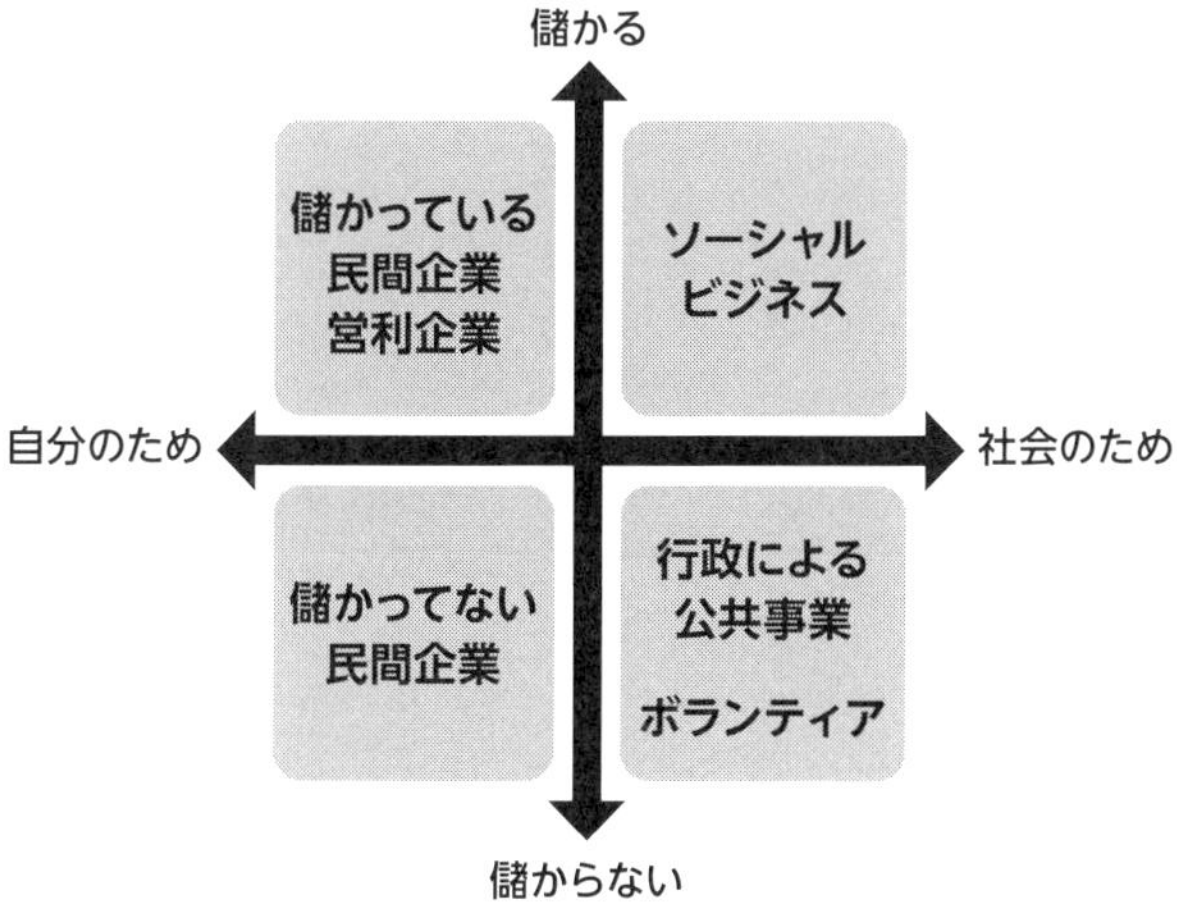


われてきたのは、この左側の世界でした。とにかく儲かることをめざしてきました。

一方で、社会のために行う事業は、右側で行われます。社会に必要とされているけれど儲からない事業は、右下のゾーンになります。主に行政が対応しますが、税収も限られていて、継続できないことも増えています。NPO（非営利組織）やボランティアとして、このゾーンの事業をやってくれる方々もいますが、やはり、資金面、人材面などで課題を抱えるケースが多いです。

税金であろうと寄付であろうと、活動を継続するためには資金が必要です。それがなければ活動を継続できません。右下のゾーンはそうしたお金の問題で壁にぶつかるケースが多いのです。

そこで注目されるのが右上のゾーンです。社会のために行われる事業でありながら、その事業を通じて収益を上げて自力で継続できる事業。このゾーンは近年**「ソーシャルビジネス」**や**「コミュニティビジネス」**と言われて注目を集めています。経済産業省のホームページには、次のように書かれています。

地域社会においては、環境保護、高齢者・障がい者の介護・福祉から、子育て支援、まちづくり、観光等に至るまで、多種多様な社会課題が顕在化しつつあります。このような地域社会の課題解決に向けて、住民、NPO、企業など、様々な主体が協力しながらビジネスの手法を活用して取り組むのが、ソーシャルビジネス（SB）／コミュニティビジネス（CB）です。SB／CBの推進によって、行政コストが削減されるだけでなく、地域における新たな起業や雇用の創出等を通じた地域活性化につなげることを目的としています。

この定義を読む限り、「マーケティング3・0」の時代のビジネスは、ソーシャルビジネスと重なる部分が非常に多いです。1・0型や2・0型のビジネスは、自社の利益を目的として左側で行われていましたが、3・0型ビジネスは右側に移動し、ソーシャルビジネスに近づいていくように思われます。

本書で紹介したような街の電器屋さんは、地域住民、地域の事業者、市役所や社会福祉協議会、高齢者支援センター、町内会やまちづくり協議会など、様々な組織と連携しながらそのハブとなり、地域社会が抱える課題の解決に貢献していますが、そのありようはまさに「ソーシャルビジネス」「コミュニティビジネス」と言えます。

そしてそうなったお店は、不思議なくらい自然と繁盛するようになっていきます。営利目的の商売を、社会貢献目的のソーシャルビジネスに近づけていくと、自然に繁盛しやすい時代になっていると言ってもいいのかもしれません。

# いち早く「3・0化」すれば、注目されて応援される

今はまだ世の中全体が、商売=売上・利益目的という常識で動いています。1・0または2・0的な考え方が主流で、世の中の仕組みやルールもそうなっています。しかし人々の意識は、間違いなく「3・0化」が進んでいます。

人々の意識が3・0に変わっているのに、社会やビジネスが変われていない、追いついていない。今はそんな状況です。人々は社会やビジネスの変化を待ち望んでいます。だから、3・0的な人や企業が現れたら注目を集めます。

本書で紹介したような電器屋さんは、各地のテレビや新聞などに続々と取り上げられているのですが、それはそんな時代背景があるからだと思われます。3・0に進化した店の情報は、人々が知りたい情報です。メディアとしても取り上げる価値のある情報になります。

営利目的と思われている民間企業が、それも一般的には弱者と思われている地域の小さな電器屋さんが、自店の売上や利益のためではなく、地域課題の解決に取り組んでいる。それで商売としても成り立っている。それは多くの人が興味を持つ話です。だからメディアは取り上げるし、視聴者からも好評なのです。

そしてそのことを知った人にとっては、その店で買うことは単なる買い物ではなくなります。それは、地域に貢献している店を応援することにもなり、お客さん自身の地域応援活動という意味も持つようになります。消費行動に、地域貢献という新たな意味が付け加えられるのです。それがお客さん自身の精神的な喜びにもつながるのです。

## メディアの取り上げ方から時代が見える

第1章の冒頭でご紹介した静岡県焼津市のサカモト電器さんは、その3・0的な経営スタイルが地元のテレビ局の目にとまり、密着取材を受けました。1か月ほどの密着取材を経て、夕方の情報番組で15分ほど取り上げられました。すると視聴者の反応が良かったこともあり、密着取材が半年に延長され、なんと1時間の特集番組が放送されました。番組の宣伝を兼ねた放送も含めると、合計3回も放送されました。

その3回の放送の中で、毎回取り上げられた次のようなシーンがありました。

ある日の夕方、年配のお客さんからサカモト電器さんに電話が入りました。台所の蛍光灯が切れて、自分で交換したけれど電気がつかないという内容でした。おそらく原因はグローランプだと察した坂本さんは、暗くなるとお客さんが不安だし危険だろうということで、1個90円のグローランプを持って車を走らせました、坂本さんがお客さん宅に到着してグローランプを交換すると、薄暗かった台所にパッと電気がついて、お客さんの安心した嬉しそうな表情が印象的に映し出される、そんなシーンでした。

このシーンが取り上げられたのは、テレビ局側が「いいシーン」だと考えたからだと思いますが、繰り返し放送されたということは、実際に視聴者の反応も良かったのでしょう。なぜこのシーンに、メディアも視聴者も反応したのでしょうか。

それは、利益度外視でお客さんのためを想って行動する坂本さんの姿にインパクトがあったからでしょう。それが見る人の心を打ったからでしょう。1個90円のグローランプを持って車を走らせるというのは、どう考えても採算が取れる行動ではありません。売上・利益目的の商売においてはあり得ないことです。そのような商売の常識を打ち破るシーンだから、テレビ局も取り上げて、視聴者も反応したのだと思います。

第4章でご紹介した東京亀戸の栄電気さんも、何度もメディアに取り上げられています。2020年9月には、テレビ東京の『たけしのニッポンのミカタ!』という番組で、「一見ごく普通なのに大繁盛している、東京・亀戸で大人気の電器店」というタイトルで大きく取り上げられました。

その時の番組でも、インターホンの故障やエアコンの水漏れなどで困ったお客さんのところに訪問して修理するシーンや、商売抜きでお客さんと一緒に行くバスツアーなど、商売（利益）にならないようなシーンばかりが取り上げられました。やはり、売上・利益第一ではない、それなのに繁盛しているというところにフォーカスされた番組になっていました。そういうところに視聴者が興味を持つからでしょう。

このように**メディアの取り上げ方からも、今の時代が見えてきます。**売上や利益を度外視してお客さんや地域社会のためを思って行動する人やお店があること、そしてそんなお店が繁盛していること、そんな存在が注目される時代なのです。

## 自然にクチコミ&拡散される

このようなお店の存在を知った人は、それを知ったことが嬉しくなり、「こんな人がいるよ」「こんな店があるよ」とクチコミで広めてくれます。ＳＮＳでもシェアしてくれます。そういう人や企業が増えてほしいと思うから、そういう世の中になってほしいと思うから、頼まれなくても自主的によろこんで拡散してくれるのです。

だから、本書で紹介しているような電器屋さんには、クチコミや紹介でお客さんが増えているお店が多いのです。友人・知人を紹介されたり、SNSで拡散されたりします。それは彼らが「売上・利益目的」ではないからです。

人は、誰かの売上・利益目的の行為を友達に紹介したり拡散したりはしません。そのような話は友達関係の中に持ち込むと嫌がられます。今の時代、売上・利益目的の「商売」が友達に紹介されることはほとんどなく、SNSでも拡散されません。

それが幸せ目的の「笑倍」になると話が変わります。人が誰かの幸せのためにやっている行為、より良い地域、より良い社会にしようと尽力している姿には、多くの人が感動し、共感し、黙っていても拡散してもらえます。

モノやお金が中心の時代は、商売の話や儲け話がクチコミや紹介で広がったかもしれませんが、心の時代、精神の時代と言われる昨今は、愛や思いやりの話、心が満たされたり軽くなったりするような話が拡散されるのです。今の時代「商売」は何かと嫌われるものですが、「笑倍」に進化すると超人気者に変わるのです。

## 引き寄せの法則（笑倍バージョン）

人や社会の幸せを目的とした「WHY」を掲げて、それを発信・実践し3・0的な「笑倍」をしていると、多くの人に注目されるようになります。すると、そんな人とお付き合いしたい、そんなお店の客になりたいという人が、向こうから寄ってくるようになります。「引き寄せ」の力が働きます。そして引き寄せられる人たちには共通点があります。

彼らは、店が掲げる「WHY」に共感している人です。同じ価値観を共有しているので、お店との相性がとても良い人です。店のことをよくわかっていて、ミッションの実践やビジョンの実現に協力してくれる人です。もちろん、何かニーズがあればその店で買ってくれる人です。「笑倍」に引き寄せられた人は、笑倍繁盛のための理想的なお客さんになってくれる人なのです。

逆に、自店の売上や利益を第一に考える「商売」をしていた頃には、お客さんも自分の利益を優先する人でした。商談では他店と比較されたり、価格交渉をされたり、厳しい交渉が行われていました。そういうお客さんを引き寄せていたのでしょう。

幸せ第一の「笑倍」にシフトすると、そのようなお客さんは自然と離れていきます。その代わり、他店との比較や価格交渉はせずに、お店側に任せてくれて、お店の都合も配慮してくれて、店を応援してくれるようなお客さんが引き寄せられてきます。売る側も買う側も幸せになれるような、理想的なお客さんが増えていきます。

売上・利益目的の「商売」を行えば、自分の売上・利益第一のお客さんを引き寄せ、人や社会の幸せ目的の「笑倍」を行うと、自分の売上・利益を優先するようなお客さんを寄せつけなくなり、逆に相手や社会の幸せを第一に考えるようなお客さんを引き寄せるのです。

売上・利益目的の商売をしていた頃にもそういう人はいたはずですが、そのような人を寄せつけない経営になっていたのだと考えられます。**「商売」にも「笑倍」にも、まさに引き寄せの法則が働く**のです。

## 利己から利他へ

ここまで見てきたように、幸せ目的の「笑倍」の実践が成果につながるのは、「3・0の時代」という時代背景が大きく影響しています。では、ここであらためて、「3・0の時代」とはどんな時代なのか、整理したいと思います。

1・0、2・0、3・0という時代の流れの中で、1・0から2・0への変化は、商売のやり方の変化です。しかし3・0への変化は、商売の前提となる考え方や価値観の変化です。その前とその後では世界が激変しています。

それは、商売から笑倍への変化であり、売上・利益ファーストから幸せファーストへの変化であり、利己から利他への変化です。

以前のビジネスは戦争に例えられました。みんなが自分の利益のために「戦う」という世界観です。そこは生きるか死ぬか、やるかやられるかの世界です。そのため、よく「生き残り」という表現が使われました。そんな世界で「利他」などと言っていたら、いいようにカモにされてしまい、生き残れない時代でした。だから、商売の世界に「幸せ」とか「社会貢献」などといった言葉はあり得ませんでした。

しかし今日、ビジネスは戦争ではなくなりました。売り手と買い手は利害が対立して交渉する関係ではなく、協力し合ってより良い社会をつくっていく共同体的な関係になりました。自分の利益だけではなく、相手の利益も考え、社会全体の利益も考えるようになりました。

自分の利益を最大化しようと利己的に考える人や企業は敬遠されるようになり、他者や社会への貢献を考えるような利他的な人や企業が、好意・好感を持たれるようになりました。**「3・0の時代」への変化は、利己から利他への変化**なのです。

## 「先に与える」とは、何を与えるのか

今時、私利私欲を前面に出したような行動が嫌われるということは、多くの人が感じていると思います。ただし、利他的な行動が結果的には売上や利益にもつながるという話をしても、なかなか信じてもらえません。しかし、利他的な行動は間違いなく笑倍繁盛につながります。

「利他」と言うと、「先に与えるということですね」と言われたりもします。確かに「先に与える」という言葉はよく耳にします。でもその言葉の意味は、「利他」とはちょっと違うように思います。

「先に与える」というのは、多くの場合、先に相手に得をさせる、先に相手にメリットを与えるといった意味合いで語られています。そうすれば後から自分も得をするという話です。先に何かをプレゼントしたり、相手が望んでいることをしてあげると、後から何かお返しがもらえるといった話です。いわば「損して得取れ」という話です。しかし本書でお伝えしてきた「先に与える」というのは、そういう話ではありません。

世間一般で言われる、先に与えるというのは、笑倍繁盛マトリックスのタテ軸の話で、損得の世界です。こちらが与えると、相手は得をしてこちらは損をします。こちらの財布から1万円を取り出して相手に与えると、相手は1万円得して、こちらは1万円損します。10万円の商品を9万円に値引きするのも同じことです。

このような損得の世界観で先に与えると、後で返ってくるかどうかが気になります。得したか損したかが気になるのです。そして返ってこなかったり、返ってきても与えたものより少なかったりすると、相手に対して不満を持ちます。

そうならないように（売り手側が損をしないように）、先に与えるのは低コストのものにして、大きな見返りを得ようと考える人もいます。ちょっとした景品や粗品をプレゼントすることで、商売につなげようというやり方です。いわゆる「エビで鯛を釣る」という考え方です。

第1章で、コロナ禍で消毒液やマスクを無償で配布した電器屋さんの事例をご紹介しました。そのような活動をした店の多くは、その後大きく売上を伸ばしました。この話を損得の世界観の人にすると、「損して得取れですね」とか、「エビで鯛を釣ったんですね」などと言われます。しかしそういう話ではありません。

「損して得取れ」にしても「エビで鯛を釣る」にしても、損得の話です。それでうまくいって儲かったとしても、そこに残るのは損得の関係です。次に何か話があった時も、やはり損得を計算し合う関係になります。

ここで言う「先に与える」というのは、お金やモノのような経済的な価値を与えるということではなく、先に相手を信頼する、先に思いやる、先に寄り添う、先に好意・好感を寄せる、先に愛する……などといった話です。どれもお金には代えられないものです。しかし、とてつもなく大事なものです。それを先に与えるという話です。タテ軸の話ではなく、ヨコ軸の話です。お金の話ではなく、愛の話なのです。

ここで重要なことは、信頼、思いやり、好意・好感、愛などは、お金やモノのように相手に与えたら与えた側が減るといったものではないということです。それどころか、相手を信頼すればするほど相手からも信頼され、相手を思いやれば思いやるほど相手からも思いやられ、好意・好感を寄せれば寄せるほど相手からも好意・好感を寄せられます。つまり、**与えたら増える**のです。

お金やモノなどタテ軸的な世界において、与えた側は減ることになりますが、信用・信頼や好意・好感、思いやりや愛などといったヨコ軸的な世界は、与えれば与えるほど与えた側も増えるのです。最も多く与えた人が、最も多くを得るのです。

コロナ禍で消毒液やマスクを配ったお店の売上が伸びたのは、その行為を通じて、顧客や地域に対する想いが伝わり、愛が伝わったからです。お客さんが不安でいっぱいになっていた時に、その不安に寄り添い、心を通わせ、思いやりや愛を届けたからです。

それが顧客の心に、お返ししたいという気持ちを生みました。お店もコロナで大変だろうから、何か力になりたいという思いが生じました。結果として、家電を買ったり家のリフォームを依頼したりといった行動が起こされました。それは、やはり見方によっては「損して得取れの話」にも聞こえますし、「エビで鯛を釣った話」にも聞こえます。

そういう見方しかできない人は、1・0~2・0の世界観、売上・利益ファーストの商売観のレンズで世界を見ている人でしょう。3・0の世界観、幸せファーストの笑倍観のレンズで世界を見ている人にとっては、コロナで不安な時期に心を通わせて、お互いに相手を想い合い、助け合った、愛の話に聞こえるのです。

## 「幸福観」がカギを握る

「3・0の時代」とは、「幸せファーストの時代」であり、幸せファーストの笑倍が自然に繁盛しやすくなるのは当然です。そこで重要になるのは、「幸せとは何か」という「幸福観」になります。

モノ中心の「1・0の時代」は、モノを買うこと、消費することが、そのまま幸せに直結していました。つまり「モノ＝幸せ」の時代でした。だから、モノをつくること、モノを売ることで、お客さんの幸せに貢献できていたのです。そのため、この時代のモノをつくる人も売る人も、人の幸せに貢献できている実感が得られて、自らも幸せだったのではないかと思われます。

しかし時代は変わり、今は「3・0の時代」です。モノを消費したり所有したりするだけでは幸せになれないと多くの人が感じています。つまり「モノ≠幸せ」の時代です。昨今は、若い世代を中心に「モノ離れ」と言われていますが、その背景には幸福観の変化があるのは間違いないでしょう。

もちろん幸福観は人それぞれです。相手の幸福観に合った「幸せ」を提供しなければ、相手を幸せにすることはできません。そのため、幸せ目的、幸せファーストの笑倍をするからには、相手と幸福観を共有することが欠かせません。

「モノを持つことだけでは幸せになれない」という幸福観の人に、モノだけ提供してもその人を幸せにすることはできません。「3・0の時代」はそういう人が多いので、単にモノを売る商売は支持されにくいのです。そんな商売だと、働く側も相手の幸せに貢献できている実感が得られないので、仕事によろこびが感じられません。今、生き生きと働いている商売人が少ないのは、そういうことだと思います。

しかし、顧客一人ひとりの幸福観を知って、それに合わせて対応するのも現実的ではありません。そもそも、人は自分の幸福観なんて意識していないので、それを聞き出すこともできません。相手の幸福観を知るというのは、ほとんど不可能です。ではどうすればよいのでしょうか。

それは、**自分自身の幸福観を明確にして発信する**ことです。それを行動に移すことです。すると、それに共感する人を引き寄せます。引き寄せられた人は、同じような幸福観の人と考えて間違いありません。そういう人とは、幸福観を共有できる関係になります。そういう人には、自分が考える幸福を提供していけば、彼らを幸せにすることができるのです。それによって自分自身も幸せを実感できるのです。

## 「幸せ」を定義する

最近は学問の世界でも「幸福学」といったジャンルが確立されてきたようで、書店にもそういう類《たぐ》いの本がたくさん並んでいます。売上・利益目的の商売のためには、いかに売るか、いかに儲けるかというノウハウが書かれたビジネス書が役に立ちますが、幸せ目的の笑倍のためには、幸せとは何か、どうすれば人は幸せになれるのかといったことが書かれた本が役に立ちます。そういった本を読んで、幸せに関する知見を深め、自分なりの幸福観を確立することは、とても大切だと思います。

私も幸せに関する本を読み漁《あさ》りました。それらの本の中では「幸せ」や「幸福」について、それぞれに定義され、解説されていて、とても参考になります。ここでは、それらの本の中で最もシンプルな「幸福の定義」を紹介します。

大ベストセラーの『嫌われる勇気』（岸見一郎・古賀史健著　ダイヤモンド社）の中で、アルフレッド・アドラーによる、わずか10文字の「幸福の定義」が紹介されています。

「幸福とは貢献感である」

「貢献感」とは、「自分は相手に貢献した」という主観です。いわば「自己満足」です。アドラーはそれでいいと言っています。自分は心から相手のためを思い、そのために自分ができることをした。自分自身がそう思えることが貢献感であり、それが幸福だというのが、アドラーの幸福の定義です。相手がどう思おうと、他人がどう思おうと関係ありません。

これは、第3章でお伝えした「自分ファースト」の考え方に通じます。笑倍繁盛のための鍵である「ＷＨＹ」とは、言い方を変えれば自分自身の幸福観です。その「ＷＨＹ」のために働くことが、自分自身の幸せだという宣言です。

「ＷＨＹ」を明確にして発信し、行動に移していくことは、自身の幸福観を明確にして、それを行動に移していくことと同じ意味です。その際、顧客ニーズは関係ありません。地域住民の要望も関係ありません。その「ＷＨＹ」に対して顧客や他の人がどう思うかは関係なく、**自分自身が本当にそのために働きたいと思うかどうか、自分自身がその「ＷＨＹ」に突き動かされるかどうかが重要**です。

本書で紹介したような電器屋さんの取り組みはすべて、顧客や地域に求められてやっていることではありません。街のお祭りやコンサートも、認知症講座もふれあいサロンも、街の母屋をめざすのも、どれもが自分自身の「WHY」に突き動かされてやっていることです。

それがお客さんや地域の幸せにつながる、貢献になると信じてやっていることです。彼らはそれによって「貢献感」を得ています。つまり「幸せ」を得ています。その時、彼らの仕事は幸福そのものになるのです。

## 自分自身を「3・0化」する

本書は冒頭から、一つのメッセージを伝え続けてきました。

**売上・利益目的の「商売」を、幸せ目的の「笑倍」に変えましょう。**

言い方を変えると、こうなります。

**あなたの商売**（ビジネス）**を「3・0化」しましょう。**

あなたの会社やビジネスを「3・0化」すれば、すなわち「商売」を「笑倍」に変えれば、売る人も買う人も笑顔で、幸福を実感しながら、自然に繁盛するようになります。

では、どうすれば「3・0化」できるのか。それを、これまでにお伝えしてきました。タテ軸だけではなくヨコ軸を重視して、顧客との間に信用・信頼、好意・好感、愛着・愛情などの感情でつながる関係を築き、「WHY」を明確にして発信し、それを実践していくことです。

そうすると、「WHY」（ビジョンやミッションや幸福観）に共感する人が現れて、向こうから近づいてきてくれて、応援してくれるようになります。そのためには、様々なツール、活動、顧客体験を、「WHY」を中心に一貫性を持ってデザインし、ブランディングしていくとよいでしょう。「3・0化」する方法を端的にまとめるとそういうことです。

では「3・0化」するためには、まずは何から始めればいいのでしょうか。この問いについては、今まで多くのお店が「3・0化」していくのを見てきて、自信を持って答えられます。

それは**「自分自身の3・0化」**です。

「自分自身の3・0化」とは、自らが人や社会の幸福に貢献したいという使命感で働くことです。人や社会の幸せに貢献することで「貢献感」を得て、まずは自分自身が仕事を通じて幸せになるということです。

そうすると、その人には引力が働き始めます。引き寄せられる人が出てきます。それは既存のお客さんの中からも出てきますし、新規のお客さんとしても現れます。中には、「あんたえらいね」「あんたがやっていることは間違いないよ」などと、言葉にして言ってくれる人も現れます。

もちろん、すべての人がそうなるわけではありません。お客さんの中には、1・0的なモノさえ買えればいいという人もいれば、2・0的な自分に対するサービスを重視する人もいます。しかし「3・0化」が進む今の世の中では、そういう人は減っていきます。逆に、人や社会の幸せを重視するような、3・0的な人が増えていきます。

そういう人は3・0的な人や企業を求めているので、見つけたら向こうから寄ってきてくれます。そしてお客さんになってくれます。他社比較などしません。その人にとって、そのお店から買うことは単なる買い物や消費ではなく、自分が信じることを貫くための行動だからです。紹介やクチコミによって新規客も増えます。3・0的な新規客が増えます。そして次第に、顧客リストの中に、1・0的な人や2・0的な人は減っていき、3・0的な人が増えていきます。

お客さん、スタッフ、店の雰囲気などが、どんどん3・0的になっていきます。自分自身の「3・0化」から始まり、それがスタッフや顧客の「3・0化」につながり、自社全体、ビジネス全体が「3・0化」していくのです。

## お金のために働く人、使命・志のために働く人

　ここで、本書の巻頭で掲載した「お金のために働く人と、使命・志のために働く人」の対比表を再掲します。この表は、言い方を変えると、商売をしている人と、笑倍をしている人の違いでもあり、1・0〜2・0的な働き方の人と、3・0的な働き方の人の違いです。以下、詳しく解説していきます。

　左側は、売上や利益のことを最初に考える人です。辞書に書かれているとおりの売上・利益目的の「商売」をやっている人です。自分で経営している人もいれば、お金が目的で雇われて働いている人もいます。

　右側は、自分は何のために働くのか、その目的や使命、ミッションを最初に考える人です。自分のミッションのために起業している人もいれば、会社のビジョンやミッションに共感して、それを自分自身のミッションと重ね合わせて、あるいはリンクさせて、会社の

| お金のために働く人 | 使命・志のために働く人 |
|---|---|
| 売上・利益ファースト | ミッションファースト |
| 損得・コスパで選ばれる | 共感・ワクワクで選ばれる |
| 比較・評価される | 指名・応援される |
| 頭で選ばれる | 心で選ばれる |
| 仕事は義務・苦痛 | 仕事はよろこび |
| お金を得て腹を満たす | 心を満たしてお金も得られる |
| 売ろうとしなければ売れない<br>売ろうとすれば嫌がられる | 売ろうとしなくても<br>自然に売れる |
| 売る人も買う人も無表情 | 売る人も買う人も笑顔 |
| 仕事によって人生が消耗する | 仕事によって人生が充実する |

一員として働いている人もいます。

左側の人は、他と比べて優れている、安い、費用対効果が高いなどといった理由で、顧客から選ばれます。右側の人は、顧客がその人やその会社のビジョンやミッション、想いに共感して選ばれます。その際、他と比較されることは少なく、多くの場合は指名されます。

左側の人は、論理的に頭（大脳新皮質）で選ばれますが、右側の人は直感的に心（大脳辺縁系）で選ばれます。

左側の人にとって、仕事はお金を得るための手段であり、しなければならない義務です。苦痛であることも少なくありません。苦痛であっても食べるために働き、それによってお金を得て、腹を満たします。右側の人にとっては、仕事はよろこびそのものです。よろこびのため働き、それによって心が満たされ、その結果としてお金も得られます。

左側の人は、がんばって売ろうとします。そうしないと売れません。しかし今は、がんばればがんばるほど嫌がられて、ますます売れなくなる悪循環に陥りやすい時代です。右側の人は、共感され応援されて、売ろうとしなくても自然に売れます。その時に、売る人も買う人も幸せを感じて、ますます繁盛していき、それによってさらに幸せになるという好循環（幸循環）になりやすいのです。

左側の商売は、モノとお金の交換なので、売る人と買う人の関係はビジネスライクな損得関係になります。両者は利害が対立し商談は駆け引きになります。お互いに自分が損をしないように、少しでも得するようにと探り合う、ストレスフルな場になります。右側の笑倍では、売る人も買う人もお互いに相手の幸せを想い合う関係で、どちらも笑顔です。商談もワクワクして楽しい場になります。そこはお互いが心と心を通わせ、思いやりや愛が行き交う、幸せな空気に包まれます。

左側の人にとって、仕事の時間は人生を消耗する時間になります。働けば働くほど人生や自分自身がすり減っていきます。右側の人にとっての仕事の時間は、人生を充実させる時間になります。仕事をすればするほど、人生が充実していきます。

このように、左側と右側はとても対照的です。「商売」を「笑倍」に変えるというのも、自分自身を「3・0化」するというのも、右側のような状態で働くということと同義です。すると自然に「笑倍繁盛」の状態になっていくのです。

# 損して徳取れ

「損して得取れ」という言葉は、元々は「損して徳取れ」だったと聞いたことがあります。損得の「得」ではなく、人徳の「徳」だったそうです。そうだとすれば、目先の小さな損には目をつぶって将来の大きな利益を得るという損得の話が、損をしてでも徳のある行いをという、道徳の話になります。意味合いが随分変わります。

「損して得取れ」だったら本書のメッセージとは真逆の内容のことわざですが、「損して徳取れ」だったら本書のメッセージを凝縮したような意味になります。最初に「得」を考えるのではなく「徳」を考える。「売上・利益ファースト」ではなく、人や社会への貢献ファースト、すなわち「幸せファースト」という意味になります。タテ軸的な価値観だけではなくヨコ軸的な価値観を重視する考え方にも通じます。「損して得取れ」だと、お金儲けの話、商売の話ですが、「損して徳取れ」なら幸せの話、人生論に変わります。

日本に元々あった教えは「損して徳取れ」だったのが、社会の常識が西洋型の資本主義に塗り替えられるにつれて、「損して得取れ」に変わったのだとしたら、合点がいきます。というのも、日本には元々、お金と道徳を両立させるべきだという教えが受け継がれてきていたからです。

二宮尊徳は、「道徳なき経済は罪悪であり　経済なき道徳は寝言である」という言葉を遺しています。日本の資本主義の父と言われる渋沢栄一は「道徳と経済は両立させることができる」という「道徳経済合一説」を唱え、「論語と算盤《そろばん》の両立」の重要性を説きました。いずれも、本書のメッセージとかなり重なります。

彼らの本を読むと、これらは単なる教えというよりは、強い信念のようなものだったと思われます。私たち日本人の偉大な先人が揃って、道徳と経済の両立を信念としていたことを考えると、この数十年間の私たちの社会は、大切なことを忘れてしまって、経済に偏りすぎていたように思われます。

# 使命観を持つ

滋賀県草津市に、松下幸之助商学院というパナソニックショップの後継者を育成するために設立された学校があります。そこで全国から集まった電器店経営者の皆さんに、本書のような内容の講演をさせてもらったことがあるのですが、その時、松下幸之助商学院の廊下の壁に掲げられている文章を読んで愕然としました。

そこに書かれている内容が、私の話の内容そのものだったからです。松下幸之助の『思うまま』という本の中の文章のようでした。そのまま引用しますので、ぜひご一読ください。

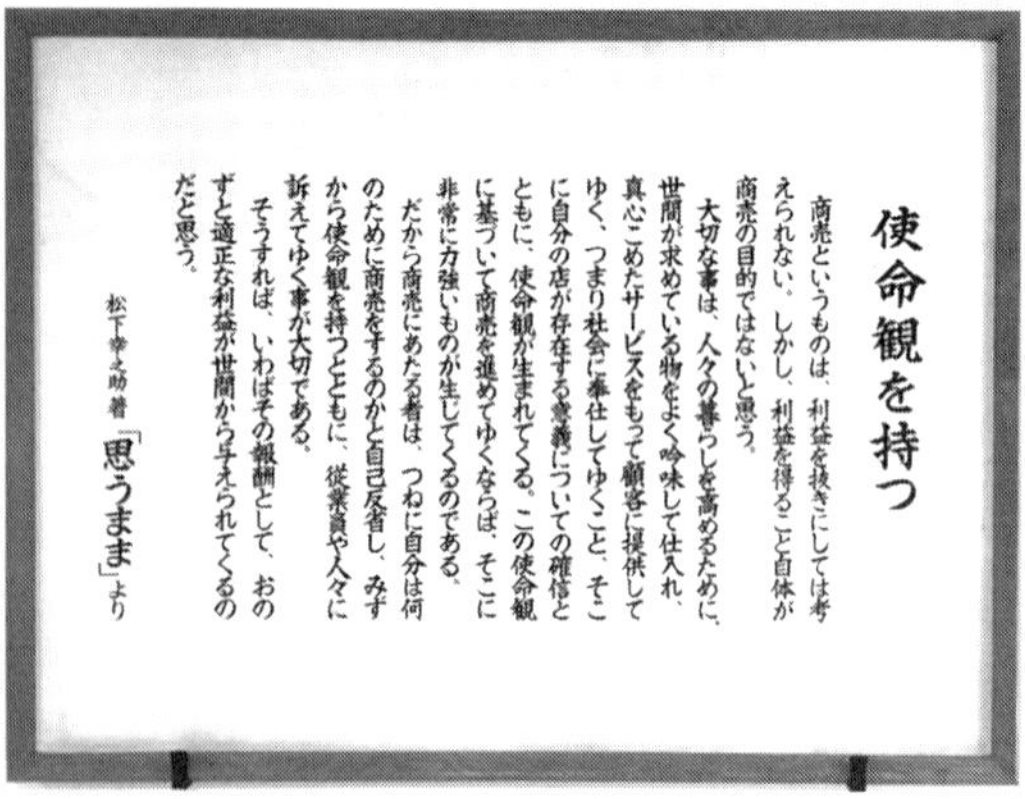

使命観を持つ

商売というものは、利益を抜きにしては考えられない。しかし、利益を得ること自体が商売の目的ではないと思う。

大切な事は、人々の暮らしを高めるために、世間が求めている物をよく吟味して仕入れ、真心こめたサービスをもって顧客に提供してゆく、つまり社会に奉仕してゆくこと、そこに自分の店が存在する意義についての確信とともに、使命観が生まれてくる。この使命観に基づいて商売を進めてゆくならば、そこに非常に力強いものが生じてくるのである。

だから商売にあたる者は、つねに自分は何のために商売をするのかと自己反省し、みずから使命観を持つとともに、従業員や人々に訴えてゆく事が大切である。

そうすれば、いわばその報酬として、おのずと適正な利益が世間から与えられてくるのだと思う。

松下幸之助著「思うまま」より

## 使命観を持つ

商売というものは、利益を抜きにしては考えられない。しかし、利益を得ること自体が商売の目的ではないと思う。

大切な事は、人々の暮らしを高めるために、世間が求めている物をよく吟味して仕入れ、真心こめたサービスをもって顧客に提供してゆく、つまり社会に奉仕してゆくこと、そこに自分の店が存在する意義についての確信とともに、使命観が生まれてくる。この使命観に基づいて商売を進めてゆくならば、そこに非常に力強いものが生じてくるのである。

だから商売にあたる者は、つねに自分は何のために商売をするのかと自己反省し、みずから使命観を持つとともに、従業員や人々に訴えてゆく事が大切である。

そうすれば、いわばその報酬として、おのずと適正な利益が世間から与えられてくるのだと思う。

松下幸之助 著「思うまま」より

利益を得ること自体が商売の目的ではないというところから始まり、使命観を持つことで、おのずと適正な利益が世間から与えられると書かれています。本書の内容の要約としてそのまま使えるのではないかと思うほどに、本書の内容と合致しています。

なぜか、街の電器屋さんの商売（笑倍）に魅了され、彼らとともに研究してたどり着いたのは、彼らのルーツである松下幸之助の教えでした。

# おわりに

## 「笑倍繁盛」は社会を幸福化する

売上・利益目的の「商売」を、幸せ目的の「笑倍」に変えると、売る人も買う人も笑顔で、幸せを実感しながら、売ろうとしなくても自然に売れるようになる。

本書で繰り返しお伝えしてきたことです。街の電器屋さんとともに実践して、実際にそうなったという事実をもとにお伝えしてきました。しかし今の社会は、まだまだ売上・利益ファーストです。それが常識です。幸せファーストなんて、青くさいきれいごとだと言われてしまいます。

でも、人々の意識は間違いなく変化しています。モノから心へ、お金から愛へ、利己から利他へ、人々の価値観は確実に変化しています。その流れは止まることなく、むしろ加速しています。コロナ禍によって、さらに加速したように感じます。

「利益を得るためにモノを売る」という、売上・利益目的の「商売」、単なるモノとお金の交換のような「商売」は、誰からも見向きもされない時代になっています。それなのに無理やり見せようとすると目を背けられます。売ろうとすると嫌われます。

逆に「人や社会の幸せのためにモノを売る」という非常識な「笑倍」は、多くの人に注目されて、共感されて、応援される時代になっています。愛される時代になっています。人が共感や愛でつながる相手からモノやサービスを買う時、それは売る人にとっても買う人にとっても幸せな体験になります。

そこで行われるのは単なるモノとお金の交換ではなく、心と心の交流であって、優しさと思いやり、愛と感謝の循環になります。

これからの時代、「商売」はＡＩやロボットが担うようになるでしょう。でも、それらがどんなに進化したとしても、人を本当の意味で幸せにできるのは、人だけだと思います。だから、これからの時代に人がやる仕事は、モノやサービスを売ることではなく、人や社会を幸せにすることになると思います。

「商売」はAIでもできますが、「笑倍」は人にしかできません。

**人がやるべきなのは、「商売」ではなく「笑倍」です。**

「商売」を「笑倍」に変えれば、売る人も買う人も幸せになり、自然に売れるようになります。そんな「笑倍繁盛」を実現するための情報を、この一冊にすべて詰め込みました。

一人の「商売人」が「笑倍人」になれば、その周囲に笑顔が増えます。幸せが増えます。一つの店の「商売」が「笑倍」になれば、そこで働く人と、お客さんの笑顔が増えます。幸せが増えます。

世の中の「商売」が「笑倍」に変われば、この世界の笑顔と幸せの総量が増えます。世界がより良い場所になっていきます。

本書が、そのために少しでも貢献できたら、最高に幸せです。

## 石原明先生へ

本書の内容は、全国の街の電器屋さんで本当に起こった事例と、そこから得られた理論・ノウハウです。地方の小さな電器屋さんの事例ですし、常識外れな部分も多く、人には理解されないことも少なくありません。

そんな話をいつも「すごいね。これはマーケティングの最先端をいってますよ」と認めてくださり、背中を押してくださったのが、今年2月に急逝された経営コンサルタントの石原明先生でした。

ビジネスやマーケティングの最先端にいらっしゃる石原先生が何度もそうおっしゃってくださることが、私たちにとっては本当に心の支えになりました。ここまで来られたのは石原先生のおかげです。本当にありがとうございました。

本来なら本書を真っ先に読んでいただきたかったです。本書完成のご報告と感謝の想いが、天国の石原先生に届くことを祈っています。本当にありがとうございました。

## 【参考文献】

◉『コトラーのマーケティング3.0　ソーシャル・メディア時代の新法則』
フィリップ・コトラー（著）、ヘルマワン・カルタジャヤ（著）、イワン・セティアワン（著）、
恩藏直人（監訳）、藤井清美（翻訳）　朝日新聞出版

◉『コトラーのマーケティング4.0　スマートフォン時代の究極法則』
フィリップ・コトラー（著）、ヘルマワン・カルタジャヤ（著）、イワン・セティアワン（著）、
恩藏直人（監訳）、藤井清美（翻訳）　朝日新聞出版

◉『ＷＨＹから始めよ！　インスパイア型リーダーはここが違う』
サイモン・シネック（著）、栗木さつき（翻訳）　日本経済新聞出版

# 読者特典プレゼント！

本書をお読みいただき、ありがとうございました。
本書の内容をより深く理解し、実践に役立てていただくために、
お読みいただいた方全員に、スペシャル特典を差し上げます。

**プレゼント内容**

- ★ **笑倍繁盛サミット セミナー動画**
- ★ **本書にも登場する街の電器屋さんの生の声が聞けるインタビュー動画**
- ★ **笑倍繁盛ツール　リアル事例ホームページ＆取扱説明書**

詳細はこちらのLINEにご登録ください。➡

LINEをされていない方は、こちらのページにメールアドレスをご登録ください。➡

※特典はインターネット上での配信となります。また特典配布は予告なく終了することがございます。ご了承ください。

【著者プロフィール】

## 櫻木隆志（さくらぎ・たかし）

**笑倍繁盛コンサルタント**

「きれいごと」を武器に「自然に売れる」を実現する専門家。

大学卒業後、経営コンサルティング会社で中小企業経営者や大企業の人事・経営企画向けのコンサルティング営業で同期トップの業績をあげ、その後鹿児島に帰郷し、ネット通販事業の立ち上げやネットビジネスで大きな成果を収める。しかし売上第一のビジネスに疑問を抱き、すべてリセットして無収入状態になり、「売る人も買う人も幸せになれるビジネスのあり方」を探求し、街の電器屋さんにたどり着く。これまでに600店以上の街の電器屋さんと取引・交流し、その強みを生かした流通ネットワークづくりを進め、経済産業省の支援事業に採択される。さらに、志を共有する電器店経営者とともに、売る人も買う人も笑顔で自然に売れる状態「笑倍繁盛」の実践研究を行い、その成果をもとに「売る気がないのに自然に売れる」を実現するためのコンサルティングとサポートを行っている。(株)南九州デジタル 取締役笑倍繁盛事業部長。「笑倍繁盛 絆之会」主宰。

装　幀／横田和巳（光雅）
制　作／（有）アミークス
校正協力／永森加寿子
編　集／田谷裕章

# 「売る気がない!」のに なぜか自然と売れてしまう繁盛の法則

初版１刷発行 ● 2021年８月23日
３刷発行 ● 2023年11月20日

著者

櫻木隆志《さくらぎ たか し》

発行者

小川泰史

発行所

株式会社Clover出版

〒101-0051 東京都千代田区神田神保町3丁目27番地8　三輪ビル5階　Tel.03(6910)0605　Fax.03(6910)0606
https://cloverpub.jp

印刷所

日本ハイコム株式会社


ISBN978-4-86734-030-1　C0034



本書の内容に関するお問い合わせは、info@cloverpub.jp宛にメールでお願い申し上げます